AF271696

MARKETING DE CONTENIDOS

El arte de crear el público para tu producto o servicio

Neil Revilla

MARKETING DE CONTENIDOS

NEIL REVILLA

© Neil Revilla
© MARKETING DE CONTENIDOS
  El arte de crear el público para tu producto o servicio

Puede contactar con Neil Revilla en la dirección electrónica:
nrevilla@converxa.com.

ISBN papel: 978-84-686-8665-3
ISBN digital: 978-84-686-8666-0

Impreso en España
Editado por Bubok Publishing S.L.

Reservados todos los derechos. No se permite la reproducción total o parcial de esta obra, ni su incorporación a un sistema informático, ni su transmisión en cualquier forma o por cualquier medio (electrónico, mecánico, fotocopia, grabación u otros) sin autorización previa y por escrito de los titulares del copyright. La infracción de dichos derechos puede constituir un delito contra la propiedad intelectual.

Índice

A tu negocio,
por darle una oportunidad
al marketing de contenidos

INTRODUCCIÓN

La creación del público para un producto o servicio
El contenido de este libro te ayudará a desarrollar dos habilidades. La primera es la de crear el público para tu producto o servicio, y la segunda, la de persuadir a dicho público. Ambas habilidades son imprescindibles para el proceso de ventas. El contenido será la herramienta de marketing que vamos a utilizar para que desarrolles ambas habilidades.

Con «el contenido» conseguirás interesar al público que has definido para tu producto, lo atraerás hasta tu negocio y podrás iniciar una relación comercial. Luego conseguirás que valoren lo que ofreces y, finalmente, el contenido te ayudará a persuadirlos para que compren tus productos.

El proceso de ventas usando contenidos lo podrás ver a través de los primeros cuatro capítulos de este libro y aprenderás paso a paso cómo implantarlos. Si ahora mismo tienes problemas de ventas, despreocúpate, cuando termines de leerlo vas a saber dónde estás fallando. ¿Por qué no puedes crear tu público?, ¿por qué no puedes atraer nuevos clientes? Harás que se interesen por tu producto y, además, que deseen comprarlo.

Es posible crear tu público usando contenidos
La forma más eficiente de conseguir el interés o atención de las personas es intentando ser útil. Te debe haber pasado alguna vez. Cuando alguien intenta ser útil contigo, esta persona consigue llamar tu atención fácilmente.

¿Por qué es importante captar la atención de tu público? Actualmente en Internet hay contenidos casi de todo, puedes encontrar infinidad de temas y si buscas algo en Google, encontrarás muchos resultados sobre cualquiera de ellos. Aunque la información no es escasa en Internet, hay algo que sí lo es, y eso es, precisamente, la atención de las personas. Esto quiere decir que las personas parecen muy ocupadas haciendo una especie de multitarea, a la vez que prestan atención a WhatsApp, Facebook, LinkedIn, Twitter y correos electrónicos, ya que todo esto lo tienen disponible en el teléfono móvil.

Está claro que los consumidores de hoy están pendientes de muchas acciones a la vez. Teniendo en cuenta el tiempo que las personas dedican a estar conectadas a Internet y el número de contenidos que consumen, queda muy poco tiempo para robarles un poco de su atención. Por este motivo, atraer a un público hacia nuestro proceso de ventas es una tarea complicada.

Entonces, ¿qué podemos utilizar para captar esa atención? Tenemos que ser extremadamente útiles y así nos debe percibir el público. Esta es la única forma en la que vamos a conseguir que nos cedan un poco de atención.

Si comparas el uso de contenido útil con la publicidad, verás que la publicidad tiene menos probabilidades de robar algo de atención. Al no ser útil, normalmente la podemos evitar, mientras que el contenido tiene muchas probabilidades de que su utilidad sea percibida. Esta es la diferencia entre el contenido y la publicidad.

El contenido es como la evolución de la publicidad, es como una herramienta que ponemos a disposición del público.

Las personas prefieren consumir contenidos a consumir publicidad, y esto no solo ocurre en Internet. El marketing de contenidos, aunque está muy asociado al entorno digital, funciona de la misma manera en entornos presenciales. El contenido presencial (como puede ser una conferencia, un seminario o una formación) también consigue mejores resultados que la publicidad tradicional.

En resumen, tanto el contenido online como presencial son capaces de mostrar utilidad y crear públicos. En los cinco capítulos de este libro aprenderás a crear el público para tu negocio y a persuadirlos para que compren tus productos o servicios.

CAPÍTULO 1. PROCESO DE ATRACCIÓN DEL PÚBLICO USANDO CONTENIDOS

La estrategia de contenidos para atraer a tu público

La mayoría de empresas no consigue atraer a su público puesto que comete el siguiente error: intenta ser importante. Si esto es algo que funcionaba muy bien tiempo atrás, hoy en día no funciona más, porque la gente tiene poco tiempo para dedicar su atención a las numerosas ofertas de empresas.

En la actualidad, las personas intentan prestar atención a muchas cosas a la vez, lo que hace que sean muy selectivas con la inversión de su tiempo. Si esto está ocurriendo ahora mismo con los consumidores, ¿por qué la mayoría de empresas no cambia la manera de dirigirse a su público?

Desde este momento, en vez de intentar que las personas perciban tu negocio como empresa importante, debes buscar que el público perciba tu empresa como útil. Esto se consigue dejando de emitir mensajes diciendo lo bueno que eres, lo bueno que son tus productos o lo bien que haces las cosas. Este tipo de mensajes no van a traer a un nuevo público. La clave para atraer a un público o para captar la atención de un público hoy en día está en la utilidad.

De momento la mayoría de empresas no suelen dar cosas útiles sino que pretenden ser importantes, y esa es una ventaja que debes aprovechar hasta que reaccionen (si es que lo hacen). Pero, ¿cómo debemos ser útiles? ¿Qué debemos hacer para ser útiles?

Te voy a contar una pequeña anécdota. Cuando estuve en la universidad estudiando ingeniería de software (en los años en que estaba de moda la tecnología), tuve un compañero de estudios que desarrolló un pequeño programa de facturación que funcionaba muy bien. Él creía que era posible venderlo a empresas pequeñas o personas que iniciaran un negocio, entonces me buscó y me dijo: «Neil, a ti que te gusta interactuar y conocer muchas personas, ¿podrías vender este producto y ganar una comisión por ello?». Entonces le pregunté: «¿A quién lo quieres vender?». Me dijo que a empresas que iniciasen su actividad, porque les serviría el producto, que era muy sencillo y fácil de usar. Acepté el trabajo y el primer paso era conseguir el público con ese perfil específico. De no conseguir a ese tipo de personas, no habría a quien ofrecer el producto y tendría que ir puerta por puerta, pero yo no estaba dispuesto a hacer una venta de puerta fría, pensé que sería un trabajo imposible y que consumiría muchos recursos comerciales que no justificarían el beneficio obtenido. Entonces decidí crear primero el público: sólo tenía que encontrarlo y atraerlo. En ese momento no me dedicaba a las ventas, no tenía los prejuicios o esas ideas raras sobre que debería ir a las empresas a decir que tengo un superproducto, que somos muy buenos; yo solo sabía que cuando le hacía favores a cualquier persona, conectaba rápidamente. Entonces pensé que debía intentar resultarle útil al público elegido y así lo atraería. Investigando un poco y hablando con algunos amigos me di cuenta de que a mucha gente que inicia su negocio le cuesta mucho encontrar el nombre para su producto o negocio. Estas personas intentan ser finas, ansían acertar, piensan que si ponen el nombre mal al principio, estará mal para toda la vida y por eso reciben muchas ideas de diferentes personas y al final se encuentran más indecisos que al comienzo. Entonces, publiqué una pequeña página web donde ofrecía una guía en la que explicaba paso a paso cómo poner el nombre de un negocio o producto y acertar para que luego no se arrepintieran. En tres meses conseguí que se inscribiesen trescientas personas que iniciaban un negocio, y ese fue el momento en que supe que tenía a quién vender el producto, generé un mínimo de confianza antes de iniciar la relación comercial. Conseguí vender el producto a una de cada ocho personas inscritas.

Si la estrategia comercial que planteas no incluye una utilidad para tu público, no lo vas a poder atraer y generar clientes potenciales. Nunca olvides que las personas son muy selectivas con su tiempo y no lo pueden dedicar a personas o empresas que no intentan ayudarlas.

Vamos a ver los elementos que necesitas para crear una estrategia que te permita atraer el público para cualquiera de tus productos:

El primer elemento es tener claro «el perfil de tu público». Lo has de tener muy claro; así como en la anécdota que te he contado, yo buscaba personas que iniciaban un negocio, debes tener claro a quiénes quieres atraer, y si te preguntas a ti mismo «¿cómo es el público que busco?», tu respuesta no puede ser «todo el que necesite mi producto o servicio». En ese caso, no tienes claro quién es tu cliente, pero no te preocupes porque en este mismo capítulo te explicaré cómo definir claramente el perfil de tu público.

El segundo elemento es la historia o mensaje que le vas a contar a este público para interesarlos, tienes que crear una historia que logre interesar a ese público. Esta historia debe estar enfocada en resolver algún problema de dicho público. Piensa nuevamente en el ejemplo de la anécdota que conté. Yo creé una historia o un mensaje para ayudar a estas empresas a crear el nombre de su negocio, me enfoqué en su problema, les di una ayuda; en otras palabras, les conté una historia que ellos querían oír y prestar atención, generé su interés. Crear una historia es el segundo paso para tener una buena estrategia con la que atraer al público.

El tercer elemento es ser capaz de transmitir los mensajes de forma breve. Tenemos que ser hábiles para interesar a las personas en muy poco tiempo. Cuando las personas participan en Internet y redes sociales, hacen solo cosas que les interesa y normalmente no hacen caso a mensajes de terceros o de empresas a menos que sean realmente útiles, pero aun siendo útiles, hay un factor adicional al que debemos enfrentarnos: se trata del tiempo que nos dedicarían. Según algunos estudios, son solo tres segundos. Tres segundos es el tiempo que le cuesta a alguien determinar si lo que le quieres contar es interesante o de utilidad.

Si ahora mismo te hicieran la siguiente pregunta: ¿qué vendes?, intenta responder en solo tres segundos de forma que captes el interés de un desconocido. Si no puedes hacerlo, debes trabajar en ello.

Es verdad que para poner en valía tus productos o servicios es necesario explicarlos con detalle, pero eso se debe hacer solo con aquellas personas de quienes hemos conseguido captar su atención, por eso al inicio solo necesitamos mensajes breves.

No olvides que la definición de una estrategia de atracción de clientes potenciales usando contenidos requiere de tres elementos: identificar el perfil de tu público, crear la historia para atraer al público definido y tener o desarrollar la habilidad de ser breve en cuanto a los mensajes. A continuación te explicaré como trabajar cada uno de estos tres elementos.

Cómo elegir al público que queremos atraer

Lo más probable es que tengas una idea del tipo de público que quieres atraer a tu negocio, y más o menos sabrás cómo es el perfil de ese público, pero lo más probable es que ahora mismo tengas clientes de diferentes perfiles. Para conseguir plantear una buena estrategia de creación de público para un producto o servicio debes definir un solo tipo de perfil de público, puedes comenzar eligiendo el perfil de cliente que te sea más rentable.

A continuación te explicaré cómo trabajar cada uno de estos tres elementos de la estrategia de atracción de clientes potenciales:

El primer paso es definir el rol que tiene ahora mismo el posible cliente en cuanto a su vida personal o profesional. ¿Cuál es el rol? Por ejemplo, si vendiéramos seguros y quisiéramos vender a personas que tienen a su cargo a otras personas, podemos definir entre los siguientes roles: son padres de familia o son más bien hijos que tienen a su cargo personas mayores. Como puedes ver, el primer paso es definir el rol que está experimentando el cliente que quieres. Veamos otro ejemplo. Si vendemos un servicio de coaching, ¿cuál es el rol que atraviesa ahora mismo el posible cliente de un coach? Eso lo tendrá que definir un coach, pero podrá dirigirse a personas que están trabajando y tienen mucha experiencia, podría dirigirse a personas que además de tener años de experiencia tienen puestos de mucha responsabilidad, podría dirigirse a personas que inician su actividad profesional o podría dirigirse a personas que no realizan actividades profesionales de momento y son más bien personas más jóvenes.

El segundo paso es definir o identificar cuáles son las aspiraciones o ilusiones que tienen las personas que quieres atraer, qué les ilusiona, qué les motiva, qué aspiraciones tienen, y eso depende del producto o el servicio que quieras vender. Veamos un ejemplo. Si vendemos seguros y decidimos que nuestro público va a ser aquel que tiene el rol de padre de familia, entonces nos preguntamos: ¿qué aspiraciones pueden tener? Podemos elegir al que tiene aspiraciones personales de desarrollo profesional, o podemos elegir al público que tiene aspiraciones del desarrollo en la educación de sus hijos o del desarrollo profesional de sus hijos. Debes decidir cuál de estos públicos quieres atraer. Es importante tenerlo claro.

El tercer paso es identificar cuáles son sus temores. ¿Cuáles son los problemas que puede tener este cliente para conseguir aquellas inspiraciones, aquellas ilusiones que tenía? ¿Cuáles son sus temores? Entonces, si se trata de un padre de familia, podría temer que le sucediera algo a él. Esto no permitiría que se cumpla el que sus hijos se desarrollen, que sus hijos se eduquen o que sus hijos alcancen un nivel profesional importante. Todo esto se puede romper si es que faltara él en esa etapa de la vida de sus hijos.

Con estos tres pasos podremos definir exactamente el perfil del cliente. En otras palabras, sabremos exactamente las características de nuestro público, el rol que desempeñan, sus ilusiones, sus temores y problemas.

Para averiguar si tienes claro cómo es el perfil de tu cliente, intenta decir el nombre de una persona que conozcas y que cumpla con la descripción. Por ejemplo, «Pepe cumple el perfil exacto de mi cliente». ¿Por qué? Porque es padre de familia, le interesa mucho el desarrollo de sus hijos y además teme que él pueda faltarles porque es el único que podría hacer que se cumpla la ilusión que tiene.

Este ejercicio de definir el perfil de tu cliente o público lo tendrías que hacer con cada uno de tus productos y servicios.

Cómo crear una historia que atraiga al público

La historia o mensaje principal que transmitirás para captar el interés de tu público es el segundo elemento de la estrategia de atracción de clientes potenciales. Y, ¿cómo debe ser una historia que atraiga?, ¿cómo debe ser una historia que interese? Recuerda que el foco lo tendrás que poner en ser útil, piensa que toda historia necesita un protagonista, un problema y un ayudante. El protagonista no eres tú ni tu negocio, el protagonista tiene que ser el cliente, ese público que estamos eligiendo. Ellos tienen que ser los protagonistas. Y nosotros, ¿qué rol jugamos en la historia? Pues nosotros vamos a desempeñar el rol de ayudante. Finalmente, el problema tendrá que estar claro y lo tiene que estar sufriendo el protagonista.

Para crear una buena historia, que interese y atraiga, deben existir un problema, un protagonista y un ayudante (está claro que los ayudantes somos nosotros). El protagonista será el cliente y el problema, un problema del cliente.

Con este tipo de historia conseguirás que el protagonista quiera participar, porque le vas a ayudar. Veamos un ejemplo. Una empresa que vende alimentos para perros eligió un público en el que las personas tengan perros como mascotas por primera vez. Entonces, el protagonista es la persona que por primera vez tiene una mascota, los ayudantes son la empresa que vende alimentos para perros y el problema, ¿cuál puede ser el problema? Pues para un novato con una mascota hay muchos problemas que pueden ser buenos: cómo alimentar a una mascota en sus primeros años, cómo alimentarla si tienes mucha actividad, cómo alimentarla dependiendo de la raza y cómo alimentarla si se quiere favorecer el pelo de la mascota. Que sea más fuerte, que crezca más, que sea más sana, que sea más ágil, etc.

Hay infinidad de cosas que pueden pasarle por la cabeza a alguien que tiene por primera vez una mascota y usualmente no sabrá cómo resolverlas. Es más, cuando una persona tiene una mascota por primera vez va al supermercado y le pregunta al dependiente o simplemente lee las etiquetas y elige por edades. La empresa de ventas de alimentos para mascotas puede ayudar al cliente a solucionar estas inquietudes sobre su mascota.

Una historia no siempre se debe contar de la misma forma, aunque se trate del mismo negocio. Por ejemplo, una empresa que vende juguetes puede dar el giro que quiera a su mensaje. Aunque los clientes de juguetes son los niños, los compradores son los padres, quienes se preocupan por el desarrollo de sus hijos. Entonces una empresa de juguetes puede intentar ayudar al padre preocupado por la educación del niño, su desarrollo físico, sus habilidades motoras, etc.

Cómo interesar a tu público en solo tres segundos

El tercer elemento para que desarrolles la estrategia para atraer a tu público está asociado a la capacidad de abreviar. Por ejemplo, decir en una sola frase el mensaje que transmite tu negocio, porque aunque tu historia tenga mucho contenido y sea de mucha ayuda, cuando un desconocido te pregunte «¿cuál es el beneficio de tu producto?», lo tienes que decir en una frase. Al cliente le costará tres segundos percibir si le interesa lo que tú haces.

¿Cómo podemos decir rápidamente lo que vendemos para captar el interés de las personas? Una buena técnica que te recomiendo usar son las metáforas. Te voy a contar una anécdota muy rápida para que lo entiendas fácilmente. Cuando los creadores de la película *Alien* tuvieron que explicar la trama de la película, lo hicieron en tres segundos. Si conoces la película sabrás que es muy complicada de explicar. Pues ellos lo hicieron en tres segundos y se apoyaron en una metáfora. La explicación fue: *Alien* es *Tiburón* en el espacio, y quedó todo muy claro. ¿Por qué captó rápidamente el interés? Porque se entiende rápidamente, porque es claro y porque además es diferente. Esa capacidad de metáfora es la que puedes utilizar para resumir tu mensaje.

En el caso de la empresa que vende comida para perros, cuando le preguntan «¿cuál es la ayuda que das?», la respuesta es «ayudamos a las personas con perro por primera vez a tener conocimientos para alimentar correctamente a sus animales». En mi caso, si alguien me pregunta «¿Neil, en qué ayudas? ¿Cuál es la ayuda que das tú?», la respuesta es «ayudo a crear públicos para productos y a persuadir a dichos públicos». Esa es la historia que cuento pero lo resumo en una frase que puedes entender en tres segundos.

Veamos un ejemplo más. Una empresa de asesoría a la que ayudé quería conseguir como clientes a emprendedores. Sus servicios eran de asesoría fiscal, contable, y otros que suelen ofrecer este tipo de empresa. Entonces necesitábamos contar una historia para atraer a los emprendedores y la historia de ayuda que contamos fue sobre cómo crear cualquier tipo de empresa, paso a paso, para que el emprendedor lo haga él mismo sin pagar por ello y explicado por profesionales; los emprendedores valoran bastante poder hacer las cosas ellos mismos. Por lo tanto, la propuesta de esta asesoría era ayudar a los emprendedores a que ellos mismos creen sus empresas, todos estos emprendedores descargaban las guías que explicaban cómo crear cada tipo de empresa y dejaban sus datos; luego, al tener los datos de contacto de tantos emprendedores, fue posible iniciar una relación comercial.

Es importante resumir en una sola frase la ayuda que das, porque cuando alguien te pregunte «¿a qué te dedicas?», en vez de mencionar tu producto o servicio, podrás reemplazar tu respuesta por esta frase. Inmediatamente te diferenciarás de la competencia.

Tres ejemplos de estrategia de atracción de público que te pueden inspirar

Veamos tres ejemplos de estrategias de atracción de público utilizadas por empresas que quizás ya conoces:

El Banco Sabadell, que ha publicado un sitio web donde transmite contenidos de ayuda para emprendedores, con temas sobre cómo lanzar un negocio y cómo desarrollar las diferentes actividades de la empresa. Se trata de contenido bastante útil para emprendedores que están empezando y ese es precisamente el público que quiere atraer este banco.

La aerolínea española Iberia publicó un portal web con contenido sobre historia, costumbres y todo lo que necesitamos saber para visitar diferentes destinos. Este portal está dirigido a las personas a las que les gusta viajar y conocer lugares y con está información se facilita el trabajo de investigar previamente sobre los destinos y acelera el deseo de visitar lugares. En este portal también se puede conocer sobre la gastronomía, sitios importantes y cultura de cada destino. Con este portal Iberia consigue atraer a su público.

American Express ha publicado un portal para compartir contenidos inspiradores sobre estrategia de negocios, a través de conferencias impartidas por personajes exitosos en los mismos. El portal se llama Open Forum, y podemos encontrar muchos videos y artículos inspiradores sobre negocios para el público de American Express.

El blog en el proceso comercial usando contenidos

¿Qué rol desempeña el blog en el proceso de creación de públicos? El blog es como la entrada a un club, el club que tú has creado y al que la gente decidirá si quiere o no pertenecer.

Si atraes al público hacia el blog has hecho un buen trabajo, pero no has completado el proceso de construir tu público. Para redondear el trabajo tienes que conseguir que las visitas que provocas a través de tus contenidos se traduzcan en mucho público que decida pertenecer a tu club.

El blog es el lugar donde podemos mostrar propuestas para que los visitantes se unan a nuestro club y revelen su anonimato dejándonos sus datos al inscribirse.

Los títulos de artículos de blog

El título será la puerta de entrada a cualquiera de los contenidos que generes. En otras palabras, conseguir que tu público consuma tus contenidos dependerá de lo persuasivo que sea el título.

La mayoría de empresas que generan muy buen contenido tienen títulos poco persuasivos y al no ser consumidos los contenidos, el proceso de ventas se detiene y no fluye.

Algunos profesionales o especialistas en contenido recomiendan formular títulos disruptivos, pero ese método consigue pocos resultados porque la mayoría de las veces son poco creíbles.

Recuerda en todo momento que el título es una promesa que debes cumplir con el contenido. Entonces no debes sobreactuar al formular los títulos de tus contenidos.

En resumen, debes tener en cuenta dos criterios importantes al crear tus títulos. El primero es que debes hacer promesas que puedas cumplir y el segundo es que debes incluir elementos de persuasión.

Ahora te explicaré los dos métodos más efectivos de formular los títulos de tus contenidos:

El primer método se basa en el uso del ¿por qué? Las personas nos vemos persuadidas por consumir contenido que nos revelará algo que puede afectarnos. Veamos un ejemplo. El título «Por qué nadie usa el formulario de contacto de tu página web» puede ser muy persuasivo porque es algo que se preguntan los responsables de páginas web de las empresas, y si existe una explicación, les gustaría saberlo. Por cierto, existe esa explicación y si tienes muchas ganas de saberlo, es porque el título funciona.

El segundo método para formular títulos es el uso del ¿cómo? Este método se basa en que a las personas nos gusta que nos faciliten las respuestas y nos digan cómo hacer las cosas, así no hacemos el esfuerzo de descubrirlo por nosotros mismos. En otras palabras, a la mayoría de personas nos gusta seguir caminos ya creados y no crear nuevos caminos. El uso del ¿cómo? en los títulos es percibido como un guion que podemos seguir. Veamos un ejemplo. El título «¿Cómo convencer a cualquier persona en tres segundos?» es muy persuasivo porque nos envía el mensaje de que en un contenido breve aprenderemos algo que parece muy difícil de conseguir. Por cierto, el contenido de este título es real, y si quieres saber más es porque el título funciona así como está formulado.

Te recomiendo que enfoques todos tus títulos de contenido en los métodos del ¿cómo? y el ¿por qué? Con el primero vas a transmitir la percepción de formación o instrucciones y con el segundo vas a transmitir la percepción de descubrimiento o revelación. En otras palabras, instruyes o revelas.

Ahora veamos algunos usos del ¿cómo? No siempre tienes que anteponer la palabra «cómo» para formular un título bajo ese método, puedes utilizar palabras como «pasos», «claves», «etapas», «formas», «maneras», «técnicas», etc. Por ejemplo, en vez de formular el título «Cómo aprender a vender eficientemente» puedes cambiar a «Siete pasos para aprender a vender eficientemente». En este caso hemos añadido un factor de relevancia al título, porque hemos pasado de una explicación general sobre cómo vender a una explicación de solo siete pasos.

Por otro lado, veamos las variaciones en el método del ¿por qué? No siempre tienes que usar el «por qué», por ejemplo: «¿Por qué tu hijo no quiere comer la sopa?». Podrías utilizar la palabra «descubre», por ejemplo: «Descubre por qué a los niños no les gusta la sopa».

En ambos métodos podemos incluir factores de persuasión como «brevedad», «rapidez» o «doble beneficio». Veamos algunos ejemplos más: «Cómo cerrar una venta en cinco minutos». En este caso el factor de relevancia es la rapidez y en este otro título, «Cómo hacer una web sin conocimientos de programación», el factor de relevancia es el camino corto o atajo.

Añade estos elementos de persuasión a tus títulos y conseguirás que la gente abra la puerta hacia tus contenidos. Si los títulos de contenidos son como puertas, entonces es importante hacer puertas que se puedan abrir. Si no consigues que las puertas se abran, la gente no consumirá tu contenido y no conseguirás crear el público que buscas.

En el capítulo cinco encontrarás una lista detallada de ejemplos y más recursos prácticos sobre como crear títulos de blog eficientes.

El contenido de los artículos de blog

Ahora que ya sabes cómo crear títulos que abren puertas hacia tu contenido será necesario crear dicho contenido. Hay dos cosas que tienes que cuidar cuando creas el contenido. Una es el fondo y la otra es la forma. El fondo tiene que ver con el mensaje y la forma tiene que ver con la estructura que le das al contenido para ver si es más fácil de consumir.

Como el objetivo es implantar un proceso de ventas, la acción que tenemos que provocar cuando consumen nuestro contenido es que se inscriban en nuestro club, me refiero a que pasen a ser parte de nuestro público.

El mensaje o fondo es el aspecto más importante en la creación de contenidos dentro de un proceso de ventas. La mayoría de empresas que crea contenidos en su página web piensa que el objetivo de los contenidos es ser interesante para su público, pero para favorecer el proceso comercial, el objetivo del contenido es persuadir al que lo consume a que revele su identidad y pase a ser parte de nuestro público potencial.

Cuando una persona decide acceder a tu contenido está comprando la promesa que has hecho en el título, entonces la tarea del contenido es cumplir la promesa y nada más, no debemos salir del guion.

Un contenido eficiente es aquel que lleva un solo mensaje claro. Muchos contenidos fracasan porque el creador ha intentado incluir muchos mensajes y eso lo convierte en un contenido general y poco útil. Por ejemplo, si el contenido lleva el siguiente título «Cómo persuadir en tres segundos», en el contenido no debería haber mensajes sobre la persuasión o sobre la velocidad, el único mensaje válido es el método para persuadir en tres segundos.

En algún caso podrías incluir dos mensajes, pero no abuses de los mensajes porque además de empobrecer la eficiencia del contenido, vas a necesitar hacer un artículo muy extenso, en la explicación de la forma veremos cuál es la extensión apropiada para un artículo.

Recuerda que si tu contenido tiene solo un mensaje, significa que el título lo has formulado muy bien porque has sido muy concreto y has ido al grano. Los contenidos más específicos y acotados son los más útiles para el público. Veamos un ejemplo. El título «Cómo conseguir ventas» es muy abierto, si intentas hacer el contenido para este título quizá tengas que hacer un libro entero. En cambio, si el título es «Cómo cerrar ventas en una sola reunión» tendremos un contenido que da la percepción de utilidad.

El contenido debe ser de valor y para ello no basta que sea bueno, además debe ser único o lo que haremos es generar más contenido que se repite.

En Internet hay contenido sobre cómo crear una estrategia en redes sociales y casi todos repiten lo mismo, parece que fueran copias, aunque algunos no copian el contenido pero antes de crearlo no hacen una mínima búsqueda en

Internet para ver si aportarán algo nuevo. Bastará con buscar el mensaje que quieres transmitir y así averiguaremos si hay otras fuentes que están diciendo lo mismo.

Intenta ser breve en tus contenidos porque las personas hacen microconsumo ahora mismo en Internet. Preferimos ver varios artículos de blog con tres párrafos que uno solo con diez, también preferimos ver videos de dos minutos que ver un solo video de diez minutos de duración.

Cuando las personas encontramos un contenido que nos interesa mucho y es muy extenso, lo almacenamos en Favoritos, pero ya sabes lo que pasa en Favoritos. Ojalá que nunca tus contenidos caigan allí, porque ese es el lugar donde padecemos de síndrome de Diógenes: todo lo que se pone ahí, se acumula pero nunca se utiliza.

Cuida la forma de tus contenidos, sé breve y específico en el mensaje, no utilices párrafos largos, dentro del contenido podemos poner enlaces que nos direccionen a otro lugar. Los fanáticos del SEO indican que debes incluir enlaces hacia tus contenidos, pero cuando estamos implantando un proceso de ventas usando contenidos, los enlaces no deberían distraer al visitante. Recuerda que tú solo quieres que haga una cosa, que se apunte a tu club, que pase a ser parte de tu público. Eso es lo único que nos interesa.

Recomiendo que te centres en captar a los consumidores de tus contenidos, esa es la única manera de que luego puedas iniciar relaciones comerciales y que puedas persuadirlos.

Los enlaces que incluyas dentro de tu contenido son call to action o llamadas a la acción, entonces solo debes utilizarlos para que el proceso de captar al cliente potencial fluya. Nunca utilices un enlace que lleve al visitante fuera del proceso de ventas.

Sobre los enlaces, algunos especialistas recomiendan ponerlos al final del contenido, pero yo recomiendo hacerlo dentro del contenido porque las personas suelen escanear con la vista los contenidos en texto de los blogs y adelantar los videos que ven.

En el capítulo cinco encontrarás una lista de ejemplos y más recursos prácticos sobre cómo crear contenidos eficientes para tu blog.

Cómo distribuir el contenido en redes sociales

Puede ser que participes en Facebook, Twitter o LinkedIn. Voy a comentar sobre estas tres redes, aunque hay otros medios de comunicación social, estas valdrán para la explicación. Debes recordar en todo momento que la gente no tiene tiempo para dedicarlo a desconocidos, y si queremos captar su atención, debemos ser útiles.

La difusión de los contenidos que generas debería ser una acción proactiva, los contenidos que no se difunden no son consumidos.

Primero te explicaré las consideraciones comunes entre Facebook, Twitter y LinkedIn y luego comentaré cada una de forma individual. Es posible publicar muchas veces un contenido en cualquiera de estas tres redes, solo debes tener en cuenta que lo que compartes es el mensaje principal y no el contenido total. Por lo tanto, solo necesitas mencionar el mensaje de manera diferente cada vez que publiques la misma dirección URL del contenido. Veamos un ejemplo. Si publicamos un contenido con el título «Cómo reducir el estrés», luego ese mismo contenido se puede publicar varias veces cambiando el título a «Cómo eliminar tus niveles de estrés» o «Cómo actuar cuando sientes estrés». Como ves, es posible publicar varias veces e incluso el mismo día un mismo contenido. Otra consideración importante que afecta a las tres redes sociales es que para difundir el contenido de forma eficiente debemos crear una red de contactos que nos facilite el trabajo y potencie la visibilidad de nuestros contenidos.

En Facebook, la imagen que acompaña a la publicación determina un 70 % de probabilidad de acceso al contenido. Esto significa que la imagen que usamos en una publicación en Facebook es una extensión del título y debes elegirla bajo este criterio. Dentro de las imágenes podemos incluir texto pero dicho texto no debería ocupar más del 20 % del espacio porque la imagen debe expresar el mensaje por sí sola.

En Facebook podemos encontrar grupos temáticos donde podríamos compartir nuestros contenidos y llegar al público que nos interesa, pero la mayoría de estos grupos tienen filtros para las publicaciones y sus administradores suelen evitar publicaciones comerciales. Por este motivo, para conseguir que publiquen tus contenidos debes generar contenido útil, específico e imparcial.

Actualmente en Twitter también podemos hacer publicaciones con imágenes pero solo deberías usar imágenes cuando mejoren o complementen la explicación del título. Debes tener en cuenta que la publicación de una imagen en Twitter ocupará parte de los 140 caracteres de los que dispones para el título y enlace del contenido que publicas.

En Twitter puedes utilizar etiquetas o #hashtags para agrupar tu contenido con otros contenidos del mismo tema, pero no deberías abusar de las etiquetas porque ocupan el mismo espacio que tenemos para el título, enlace e imagen.

Algunas personas incluyen el nombre de otros usuarios en sus publicaciones en Twitter para que estos se enteren de la publicación del contenido. Esta práctica no es recomendable, sobre todo si estas personas no han aceptado esta forma de comunicación.

Para publicar tus contenidos en LinkedIn y conseguir una difusión eficiente debes crear antes una red de personas con el perfil que te interesa; de esta manera, la difusión de tus contenidos será efectiva.

En LinkedIn existen cuatro formas de trabajar tu red de contactos: la primera es a través de tu perfil profesional, la segunda es uniéndote y participando en grupos donde se encuentre tu público, la tercera es con la creación y gestión de un grupo propio y la cuarta forma de trabajar tu red de contactos es a través de tu página de empresa, en la que debes conseguir seguidores para que reciban tus publicaciones.

Contenidos y publicidad en redes sociales y Google

Es posible hacer publicidad en redes sociales y en Google para distribuir el contenido. No sé si has hecho este tipo de publicidad antes, ahora es muy común hacerlo y te explicaré rápidamente la diferencia entre hacer publicidad en Google o en redes sociales. En Google hay intención de búsqueda de un producto o tema en concreto; la gente busca productos, servicios, temas y soluciones. Por otro lado, en redes sociales la gente no busca productos, temas o soluciones, las personas están socializando y divirtiéndose. En otras palabras, Google es como una tienda donde la gente busca productos, servicios o soluciones a sus problemas, mientras que las redes sociales son como un club lúdico y divertido. Por esta razón se dice que en redes sociales no se debería vender y en Google sí.

Hemos dicho que en Google la gente lleva intención de búsqueda pero hay mucha oferta y la mayoría de las veces la cantidad de personas que buscan es muy pequeña comparado con la cantidad de ofertas o fuentes donde pueden encontrar lo que buscan.

Hoy en día, conseguir la atención de la gente que está buscando algo en Google es muy complicado para las empresas y negocios nuevos. Por este motivo te recomiendo hacer publicidad en Google solo cuando hay mucha demanda de productos o servicios como el tuyo. Veamos un ejemplo, el caso de los disfraces en época de carnavales. En ese periodo hay mucha gente demandando disfraces y pocas empresas que puedan servir a tanta demanda. En ese momento una tienda online de disfraces debería hacer mucha publicidad en Google porque la demanda hará que la inversión en publicidad sea rentable.

Si te encuentras en un momento en que hay más oferta que demanda de tus productos a través de Google, te recomiendo no invertir en publicidad Adwords.

Por otro lado, en redes sociales es posible hacer publicidad cuando la gente no está buscando cosas, no está pensando en posibles problemas y menos en comprar productos. Te debes estar preguntando por qué debes hacer publicidad en un entorno donde las personas no buscan productos o servicios. La respuesta es contundente, en redes sociales las personas están predispuestas a recibir ayuda y esta es la puerta que usarán nuestros contenidos para atraer al público desde el entorno social hacia nuestro negocio.

La publicidad en redes sociales permite llegar a públicos segmentados sin siquiera tener una red de contactos, seguidores o fanes. Solo basta elegir el perfil del público que nos interesa, crear los anuncios sobre nuestros contenidos y definir el presupuesto y tiempo de campaña.

La diferencia entre hacer publicidad de nuestros contenidos o hacer publicidad directa de nuestros productos en redes sociales es que las personas en medios sociales son más receptivas a consumir contenido de ayuda que a consumir contenido publicitario sobre productos y servicios.

Veamos un ejemplo. Si una empresa de bricolaje quiere vender una nueva herramienta para cortar madera, tendrá mucho más éxito si hace publicidad sobre un contenido que muestre cómo cortar madera para principiantes que al hacer publicidad directa sobre la nueva herramienta. En el primer caso, las personas se verán atraídas por la utilidad del contenido, aunque ese contenido le esté preparando para tomar una decisión de compra sobre la herramienta.

Como ves, cualquier empresa puede probar o implantar un proceso de venta de sus productos sin necesidad de tener una red de contactos grande y eso reduce el tiempo de adquirir clientes. Por lo tanto, la afirmación «vender usando redes sociales es un proceso a largo plazo» es un mito. Las redes sociales pueden enviar clientes potenciales a nuestro negocio en un plazo muy corto. El segundo paso de la venta será la captación del cliente potencial, pero eso lo veremos en el próximo capítulo.

Facebook tiene una herramienta de publicidad muy potente que permite segmentar rápidamente al público. Por ejemplo, puedes seleccionar personas que sean hombres de entre treinta y cuarenta años, que vivan en Madrid y Barcelona y que además tengan intereses sobre salud y deportes. Las inversiones de publicidad en redes sociales son muy bajas comparadas a las inversiones en publicidad convencional.

Twitter también permite que segmentes al público adonde quieres dirigir tu publicidad, pero con menos criterios para segmentar. Por ejemplo, en Twitter no existe el filtro de edades porque los usuarios no publican esta información.

LinkedIn tiene un ambiente más profesional. Si realmente tu público incluye un perfil profesional determinado en ventas, en producción o contabilidad y finanzas, te será más fácil encontrarlos en LinkedIn y además en modo producción o modo trabajo. Puedes hacer publicidad segmentada por puestos de trabajo, por título, por sectores, por actividades económicas.

En resumen, hacer publicidad de tus contenidos para crear público acelera mucho el proceso de ventas y lo recomiendo para descubrir rápidamente si el proceso de ventas funcionará.

Si tu negocio aún no participa en redes sociales, no te obsesiones en crear fanes en Facebook o seguidores en Twitter, recuerda que los fanes no son tu público porque realmente no puedes iniciar una relación comercial con ellos.

Resumen del capítulo sobre el proceso de atracción de público para tu negocio

Hemos llegado al final del capítulo sobre cómo atraer público para tu negocio. Hemos comentado que para atraer a un público, lo primero y más importante es tener claro que debes ser útil, y de esta manera vas a conseguir atraer a tu público con más facilidad que intentando ser importante.

Debes definir una estrategia para trasladar la utilidad que has definido hacia tu público. Esta estrategia debe contar con tres elementos: tener claro el perfil del público que quieres atraer, tener clara la historia sobre la utilidad que aportarás y, finalmente, la habilidad que debes desarrollar para captar el interés de forma breve y rápida, utilizando metáforas, utilizando un lenguaje simple y sencillo pero que transmita mucha utilidad.

Luego de haber definido la estrategia, tienes que crear un esquema de los contenidos que vas a desarrollar para transmitir el mensaje (la historia), debes agrupar los contenidos y eliminar los temas repetidos o solapados y comenzar a generar el contenido.

También debes recordar que los títulos son la herramienta que permitirá abrir la puerta hacia tus contenidos. Entonces debes formular títulos persuasivos. No se trata de hacer títulos impactantes o títulos maravillosos. Quizás hayas leído artículos de algunos autores que comentan que para captar el interés debes formular títulos que sean rompedores o disruptivos. Para generar títulos solo tienes que decir a la gente lo que quiere oír y la gente quiere oír cosas que le solucionen problemas, sobre todo si se lo vas a dar todo a trocitos. A las personas les gusta que les expliques y les enseñes caminos para que ellos no tengan que crearlos.

Luego, debes ser muy estricto con los mensajes del contenido, no debes exagerar con el número de los mensajes. Intenta hacer solo un mensaje en cada contenido. Tienes que cuidar el fondo, que es lo más importante, y luego la forma, aunque la forma está supeditada al fondo.

Debes elegir una estrategia de atracción por cada público que quieras atraer. Si tienes productos diferentes, lo más seguro es que tengas públicos diferentes y el contenido que atrae a un tipo de público puede que no atraiga a otros. Para comenzar te recomiendo que elijas un solo producto y público e intentes plantear una estrategia de atracción y luego más adelante podrás hacer lo mismo con los demás públicos que tengas.

CAPÍTULO 2. PROCESO DE CAPTACIÓN DE CLIENTES POTENCIALES USANDO CONTENIDOS

Inicio de la relación comercial con nuevos clientes

Captar los datos de contacto de los visitantes a tu página web es como generar una base de datos de clientes potenciales, y además estas personas tendrán el perfil que buscamos. Estoy hablando de candidatos cualificados, con los que podemos iniciar una relación comercial.

El candidato que es captado en la base de datos es una persona que ha recibido tu propuesta de valor, ha visitado tu página web y luego ha dejado sus datos. Digamos que este candidato esta siendo conducido a través de nuestro proceso de venta y se encuentra más o menos en la mitad del proceso en el momento en que es captado.

Es importante que sepamos que un candidato, en el momento de ser captado, puede estar inmaduro para la compra y en ese caso deberíamos continuar con el proceso de maduración.

Solo podemos iniciar relaciones comerciales con personas que autoricen el que nos comuniquemos con ellas. Para conseguir esto, debemos hacer propuestas que provoquen que los visitantes a nuestra página web revelen su identidad y se comprometan a iniciar una comunicación con nuestra empresa.

Para continuar con la implantación del proceso de ventas, necesitamos que el público que es atraído a nuestro negocio o página web revele su identidad y nos proporcione sus datos de contacto.

Debido a que actualmente las personas hacen microconsumo de contenidos, luego de conseguir que el público visite nuestros contenidos, solo contaremos con unos segundos antes de que abandonen nuestra página web. Si queremos que el proceso de ventas funcione, debemos ser muy rápidos en conseguir que el visitante deje sus datos en nuestra página web. Esto contradice la idea de que en las páginas web debemos poner mucho contenido detallado sobre nuestra empresa o productos. En realidad, lo único importante es conseguir que el visitante nos autorice a iniciar una relación comercial con él.

Para captar clientes potenciales cuando visitan nuestra página web, el proceso es el siguiente. El visitante llega a la página web y luego nos encargamos de hacerle una propuesta para que revele su identidad y se comprometa a iniciar la relación comercial con nuestro negocio. Ahora te estarás preguntando, ¿por qué alguien podría querer o permitir que las páginas que visita conozcan sus datos de contacto? Lo usual es que nadie quiera exponerse así con cada página web que visita. El truco para conseguir que los visitantes no actúen de esta manera radica en hacer propuestas de ayuda y no propuestas comerciales. Veamos un ejemplo. Si una persona visita la página web de una clínica dental, se verá persuadido por una propuesta como esta: «Descarga la guía para conseguir corregir los dientes de un niño». Muchos padres se verán persuadidos por esta propuesta y solicitarán que se les envíe dicha guía por correo electrónico. Con esta acción conseguimos que el visitante fluya a través de nuestros procesos de venta y dé un paso más hacia la compra de nuestros productos o servicios.

Ahora que has entendido el proceso de captar clientes potenciales, veremos cómo ejecutarlo, porque en teoría parece sencilla esta etapa del proceso de ventas, pero lo cierto es que a muchos negocios les cuesta acertar con la propuesta que consiga captar clientes potenciales.

Los requisitos para crear una buena propuesta son los siguientes:

- La propuesta debe ser específica y clara.
- La propuesta debe aportar mucho valor.
- La propuesta debe ser única.

La propuesta que debes plantear tiene que proporcionar conocimientos necesarios para desear y comprar productos como el tuyo. No me refiero a tus productos, me refiero a productos como el tuyo. El proceso funcionará mejor si tu producto o servicio está realmente diferenciado ya que vamos a ayudar a comprar un producto como el tuyo, y si este producto no está diferenciado, luego tendremos pocos recursos para pedir que lo compren.

Veamos algunos ejemplos de propuestas que no funcionan:

- La empresa de desarrollo de páginas web que propone hacer análisis gratuitos del estado de las webs de sus posibles clientes.
- La empresa que pide que se suscriban a su blog para recibir contenido interesante.
- La empresa que pide que te suscribas para recibir ofertas.
- Ahora veamos ejemplos de propuestas que funcionan:

- La marca que te propone hacerte un plan para ayudarte a reducir o prevenir el colesterol.
- La marca de moda que te enseña a combinar la ropa según tu estilo.
- La marca de juguetes que te enseña a educar a tus hijos a través del juego.

Con estos ejemplos debes entender que la propuesta suele ser gratuita pero muy trabajada, al grado de parecer única y valiosa. En los ejemplos de propuestas que funcionan observas que se ayuda a entender productos como los de las marcas y no necesariamente el de la marca. Eso hace que el público no sienta que se le quiere vender algo y más bien siente que se le va a ayudar a resolver un problema.

Veamos otro ejemplo, cuando una marca de champú para perros hace una propuesta para enseñar a su público a bañar a sus perros y los beneficios de diferentes ingredientes del champú según el tipo de pelo y raza, lo que está haciendo es facultar a su público del conocimiento necesario para tomar una decisión de compra.

Y en este otro ejemplo, cuando una marca de sillas para bebés hace una propuesta para explicar el tipo de precauciones que deben tener los padres en cuanto al uso de sillas para bebés, lo que hace en realidad es proporcionar al cliente el conocimiento necesario para comprar productos como el de la marca.

Si usas Google Analytics para hacer seguimiento a las visitas de tu página web habrás notado que muchas de las visitas no ocurren solo en la página de inicio, los visitantes podrían llegar directamente a cualquier contenido de la página web.

Nuestro trabajo es conseguir que el visitante llegue a la página de captura que hemos preparado. Para esto, debemos crear los caminos y guiar al visitante hasta dicha página.

Veamos algunos posibles caminos:

Si el visitante llega, desde Google, a la página de servicios, lo importante no es que lea el detalle de tus servicios (más adelante te explicaré cómo escribir los contenidos de tu página web para favorecer la creación de candidatos), lo importante es que el visitante viaje hacia la página de captación. Para ello debemos usar un call to action o llamada a la acción para atraer al público.

Si el visitante llega a la página de inicio de tu web, debes tener mucho cuidado, ya que esta página suele ser la más visitada y a la vez la que más despista o distrae. Esta página suele tener muchas llamadas a la acción (call to action) que no dejan claro al visitante por dónde ir. Una buena estrategia cuando se trata de capturar candidatos es que «el visitante debe ir por el camino que le lleve a la página de captura», pero que no se dé cuenta.

Si el visitante llega a nuestro blog, provocado porque hemos difundido nuestra propuesta de valor a través de los artículos del blog. Entonces te recomiendo poner la llamada a la acción dentro del artículo de blog, puede ser dentro del contenido o al final. Esta llamada a la acción debe dirigir al visitante hacia la página de captura.

Si llega directamente a la página de captura, entonces debemos tener preparada esta página sin ningún distractor y con cuatro elementos de persuasión:

1. Elementos que generen confianza (p. ej. clientes, testimonios).

2. Elementos de urgencia (p. ej. solo por unos días, hasta diez descargas).

3. Elementos de metáfora (p. ej. imágenes que hagan recordar o sentir con facilidad).

4. Elementos de comprensión (p. ej. resumen breve y al grano).

Página de captura:
En términos de ventas, las páginas de captura son las más importantes de todo el sitio web. De ellas dependerá si iniciamos relaciones comerciales o no.

Segmentación:
Algunas veces es necesario segmentar a los candidatos que van entrando en nuestra base de datos de clientes potenciales. Por ejemplo, puede ser conveniente saber de qué ciudades proceden, la edad, la profesión o el sector. En ese caso es recomendable añadir los campos necesarios en el formulario de captación.

Puedes pedir datos adicionales al nombre y email solo si necesitas discriminar o agrupar a los candidatos. Lo mejor es trabajar una página de captura para cada público distinto que tengas y así evitas el exceso de datos a pedir.

Para hacer una propuesta que convenza a un visitante de tu página web a perder el anonimato y que además podamos iniciar una comunicación, debes tener en cuenta los siguientes requisitos:

Debes pensar en todo momento de que se trata de una negociación, siempre que pides algo necesitas dar algo a cambio para que funcione. Al hacer tu propuesta al visitante, le vas a pedir que revele su identidad y a cambio recibirá lo que propones. Entonces, la propuesta debe ser percibida como de mayor medida o beneficio de lo que estás pidiendo.

La mayoría de propuestas fracasan porque el público no percibe un buen negocio, siente que van a revelar sus anonimatos al dejar sus datos con el riesgo de recibir publicidad constantemente y a cambio no recibirá algo tan valioso. Algunas empresas proponen a sus visitantes a que se suscriban a su página web para recibir información y noticias sobre algún sector o actividad económica. Esa propuesta es muy vaga y pobre como para conseguir resultados.

No olvides que plantear una propuesta es como plantear una negociación y para que funcione debe ser clara, debe ser percibida como un buen negocio y debe dar confianza.

Una propuesta para cada producto o servicio

Puede que tengas varios productos y cada uno de ellos un público diferente, con perfiles definidos; en este caso lo mejor es que plantees una propuesta diferente para cada uno de los públicos. Nunca uses la misma propuesta para convertir a los visitantes de diferentes públicos en una sola lista de clientes potenciales, no funcionará porque los públicos con perfiles diferentes tienen intereses particulares.

Al hacer propuestas para cada público, las propuestas serán más acertadas. Si te pasara lo contrario, digamos que tienes cinco productos o servicios y que en realidad todos tienen el mismo público, en ese caso sí podrás reutilizar al mismo público en diferentes procesos de maduración. Veamos un ejemplo. Una empresa de consultoría puede tener una lista de servicios de estrategia de marketing, de negocios y de recursos humanos. Aun siendo servicios diferentes en este caso el público podría ser el mismo, aunque en el proceso siguiente, de maduración del cliente potencial, será necesario hacer contenidos específicos para cada producto o servicio.

Cómo hacer propuestas irresistibles para el público

Estás listo para hacer propuestas irresistibles, propuestas que conviertan a tu visitante en parte de tu público. Me refiero a propuestas que no se pueden rechazar. Vamos a ello.

Para crear propuestas irresistibles, solo debes asegurarte de transmitir claramente que solucionarás algo que le incomoda mucho al que se lo propones y luego generar la confianza necesaria para que lo acepte.

Ahora veamos un ejemplo para que se entienda mejor. Hace un tiempo conocí a una empresa que proponía que te suscribas para descargar un curso de videomarketing. El videomarketing no es un concepto que entendamos todas las personas y aunque no lo parezca, esta propuesta poco clara será una barrera importante para que el público acepte la propuesta. Podríamos mejorar la explicación con este mensaje «Curso para transmitir mensajes comerciales a través de videos», ahora la propuesta parece estar más clara, pero sigue sin ser irresistible. El público no percibirá que le quitarán una piedra del zapato. Para conseguir que esta propuesta se acepte fácilmente podría mostrarse de esta manera «Cómo conseguir que tus clientes consuman los mensajes que les envías por email». En este caso, si generamos un picor en el cliente potencial, la mayoría de empresas no consigue tener buenos ratios de consumo de los mensajes que envían a través de correo electrónico y al parecer esta propuesta es como una loción para dicho picor. Esa es la manera de plantear propuestas irresistibles, aunque a la propuesta de este ejemplo le falta un ingrediente importante, la confianza.

48

Para generar confianza sobre nuestra propuesta, debemos incluir algunos elementos adicionales a manera de pruebas. Existen dos tipos de pruebas que podemos mostrar para generar confianza.

1. La prueba social. Se trata de demostrar que hay otras personas que ya han aceptado esta propuesta y además les ha ido muy bien. Este tipo de pruebas se pueden mostrar con el número de inscritos o con algunos testimonios de los que ya aceptaron la propuesta.
2. La prueba funcional. Es aquella en que se puede probar parte de la propuesta o al menos se pueden ver ejemplos de los resultados. Esto se puede mostrar permitiendo descargar algún ejemplo o caso de éxito.

Estos elementos de confianza y algunos elementos de persuasión se deben añadir a la página donde ofrecemos al público a que se inscriba o revele su identidad. A este tipo de páginas les llamamos landing pages o páginas de captación de clientes potenciales.

Preparar la página web para el proceso de ventas
Si ya tienes una página web puede que te sientas orgulloso de ella por su diseño y porque te gusta. La verdad es que una página web que sirve para generar clientes debe tener los contenidos estructurados de tal manera que guíe al visitante hasta las páginas de captura.

Recordando lo mencionado anteriormente, es importante saber que el visitante puede entrar a nuestra página web por cualquier página (inicio, servicios, blog, nosotros, etc.), pero debe salir por las páginas que nosotros queremos.

«A tu página Web pueden entrar por donde quieran, pero van a salir por donde tú quieras...»

Otro aspecto importante es el concepto de distractor. El visitante no debe distraerse con nada que no le conduzca hacia las páginas de captura. Si has estado en alguna tienda de IKEA entenderás el concepto de guiar a la gente por donde el negocio quiere.

Los caminos

Para conseguir que los visitantes sigan el camino que queremos debemos hacer que solo tomen decisiones entre opciones que conduzcan hacia las páginas de captación. Me refiero a que si el visitante está en la página de servicios, debemos dar salidas claras hacia alguna página de captura o hacia una página intermedia; si no hacemos esto, el visitante volverá a usar el menú principal y volveremos al inicio del camino.

Elementos de estructura y diseño

Existen elementos de diseño y estructura que no son muy obvios pero sí determinantes. A continuación, comentaré algunas consideraciones de diseño y estructura para captar clientes potenciales.

Enlaces dormidos: son enlaces que no deben destacar, tienes que ponerlos en un color que no resalte, puedes usar el color gris para que pasen desapercibidos durante el camino del visitante. Tú debes elegir el color más débil de los colores de tu imagen corporativa.

El fondo de las páginas: lo que mejor funciona son los fondos muy claros, para que los botones e imágenes que llaman a la acción destaquen mucho.

Los textos de descripciones: todos los textos deben ser muy breves, te aseguro que las personas no leemos los contenidos extensos en Internet y nos causa frustración encontrar textos largos. Al no leerlos sentimos que nos hemos dejado cosas sin entender. La brevedad ahorra tiempo y hace más rápido el camino del visitante hacia la página de captura. Debemos conseguir que el visitante llegue lo más rápido a la página de captura.

Los símbolos de redes sociales: puede que pienses que es importante que los visitantes sepan que tienes redes sociales y por eso pones muy visible los símbolos de Facebook, Twitter, etc. La verdad es que son las distracciones más potentes, imagina que un visitante pincha en el enlace de Facebook, significará que se va de tu página, y lo más seguro es que no regrese.

Dispositivos móviles: el 70 % de las visitas de las páginas web se hacen a través del móvil o tablets. Tu página web y páginas de captura tienen que estar preparadas para estos dispositivos.

Recomendaciones para encargar el desarrollo de tu página Web

Si estás pensando en desarrollar tu página web, es indispensable que antes de dejarlo en manos de un diseñador crees los caminos de tu proceso comercial. Lo más seguro es que el diseñador o el programador no sepan hacer eso, lo debes hacer tú o tendrás un problema cuando la página ya esté terminada.

No permitas que el diseñador demuestre sus conocimientos en diseño, usa las recomendaciones de estructura y diseño que hemos comentado en este libro.

Finalmente, lo más importante es que formules el proceso de venta de tu producto, antes de desarrollar tu página web, páginas de captura y contenidos de la propuesta de valor.

Páginas de captación del público (landing pages)

Son las páginas que preparamos para captar a los visitantes. En ellas mostramos nuestra propuesta y pedimos los datos de contacto del público a cambio. Estas páginas se preparan exclusivamente para captar la información de los visitantes. Todas las páginas web se encuentran dentro de un proceso de ventas, tienen la misión de convertir visitantes en clientes potenciales.

Sin este tipo de páginas de captación es imposible hacer la trazabilidad o conversión de un visitante a cliente potencial, todos los negocios que quieren vender necesitan páginas de captación. No sé si tienes una, pero te diré ahora lo que no es una página de captura: la página de contacto de tu página web no lo es porque no existe una propuesta. Tampoco lo es el formulario para pedir presupuestos o citas.

En las páginas de captura debemos plantear nuestra propuesta irresistible para que el público inicie la relación comercial con nuestro negocio.

Recuerda en todo momento que el objetivo de la página web de tu empresa es generar clientes potenciales. Es muy extraño que aún hoy, al preguntarle a las empresas sobre como quisieran que fuese su nueva página web, obtengamos respuestas como estas: «Que sea moderna», «que tenga buenas fotos» o «que tenga buen diseño». La respuesta correcta sería «que genere clientes potenciales en el menor tiempo posible». Esto sugiere quitar todos los distractores de las páginas web e incluir llamadas a la acción de forma estratégica.

Otro mito con respecto a las visitas de nuestra página web es el de intentar que el visitante pase mucho tiempo navegando dentro de nuestros contenidos. Lo cierto es que esto nunca ocurrirá y es debido a que las personas continúan distribuyendo su tiempo en Internet entre varias actividades y eso deja poco margen a las visitas a páginas web; en otras palabras, solo disponemos de segundos para iniciar una relación comercial con un visitante, no es tiempo suficiente para mostrar todos los beneficios de nuestro negocio, por lo tanto, debemos enganchar y comprometer al visitante a formar parte de nuestro club de clientes potenciales y lo debemos hacer en pocos segundos. Luego podremos comunicar más sobre los beneficios que podemos darles.

Qué elementos deben tener las páginas de captación de clientes potenciales

Son seis los elementos que debe tener una página de captación para que consiga que el proceso de ventas fluya y los voy a detallar uno a uno. Antes necesito que comprendas que en toda página de captura debemos evitar los distractores, me refiero a todos los enlaces que hagan que el visitante abandone la página. En algunas páginas de captura se muestra el menú de la página web, iconos de redes sociales, etc. Si es inevitable tenerlos presentes, debemos hacer que no destaquen. Recuerda en todo momento que la misión de una página web es conducir al visitante lo más rápido posible hacia las páginas de captación o landing pages. Ahora voy a explicar los seis elementos de una página de captación de clientes potenciales y para ello usaremos el ejemplo de uno de mis servicios, el de creación de públicos para productos.

1. El título, es lo primero que va a ver el visitante y ahí mostraremos la propuesta, clara y que sea percibida como buen negocio. Para el ejemplo sería «Cómo crear el público para tu producto».

2. El subtítulo. Este elemento completa el mensaje del título y permite explicar mejor el valor de nuestra propuesta. Siguiendo el ejemplo, el subtítulo sería así «Método para tener clientes potenciales de forma constante». Con este elemento completo el mensaje del título y resulta una explicación como esta «Cómo crear públicos para productos y conseguir clientes potenciales de forma constante».

3. Una breve explicación de los beneficios de lo que ofrezco en la propuesta. Si ofrecemos un curso o un ebook, debemos explicar brevemente y de forma clara qué beneficios principales encontrarán al aceptar la propuesta. Para hacer esta breve descripción, lo mejor es no utilizar párrafos, es mejor usar listas de tres o cuatro puntos para que el visitante perciba que le hemos resumido los beneficios. Según el ejemplo, podría definir el contenido en tres pasos y explicar brevemente cada uno de ellos para crear el público para un producto.

4. La imagen. Una imagen puede ayudar a explicar la propuesta y para que puedas elegir fácilmente la imagen para tu página de captación de clientes potenciales, te diré dos tipos de imagen que podrías utilizar: al primer tipo de imagen lo llamaremos metáfora porque el cerebro de las personas funciona y entiende muy bien las cosas que se explican con metáforas. Según el ejemplo sobre la creación de público, puedo elegir una imagen donde hay una especie de bar o club que atrae a mucha gente. Esa atracción permite crear un público, son de gente que va voluntariamente y se une. Al segundo tipo de imagen lo llamaremos solución porque muestra claramente cómo podría ser

la solución del problema. Siguiendo el ejemplo, una imagen del tipo solución podría ser una en que se muestra un flujo del proceso con los pasos para crear públicos y podré mencionar que es la representación del método.

5. El formulario donde dejarán los datos de contacto los visitantes. Ese formulario, como mínimo, debe tener el correo electrónico y si quieres personalizar los mensajes que posteriormente vas a enviar, puedes pedir el nombre. Entonces, cuando envíes mensajes a través de correo electrónico a tu público, le podrás decir buenos días + «su nombre». Si quieres pedir más datos, estos deberían estar justificados; si pides el teléfono, tienes que decir el motivo por el que lo necesitas. Por ejemplo, si ofreces una conferencia gratuita de mucho valor, puedes pedir el teléfono e indicar que es para confirmar la asistencia, pero en el caso del ejemplo de creación de públicos, si propongo la descarga de un ebook, no tiene sentido que pida el teléfono, no podría justificarlo y crearía desconfianza. Hace varios años creábamos formularios en los que pedíamos muchos datos y para saber el tamaño de la empresa pedíamos el número de empleados, con rangos de uno a diez empleados, de diez a cincuenta, de cincuenta a cien y así sabíamos el tamaño de la empresa. Hoy en día es posible conseguir esa información en Internet. También preguntamos, en el formulario, si la empresa vendía servicios o productos, pedíamos la URL de la página web, pedíamos muchos datos que ahora no es necesario pedir, en Internet podemos localizar la información de cualquier empresa, solo basta con el correo electrónico

o el nombre de la persona de contacto. Hoy en día no es necesario pedir tanta información, sobre todo porque no es momento de hacer negocios. El único objetivo que tenemos en esta parte del proceso comercial es que el visitante se identifique y acepte ser parte del público potencial. Posteriormente, necesitaremos que revele más información, pero eso lo hará voluntariamente y para ello usaremos el método de persuasión y el proceso de maduración de clientes potenciales que veremos en el tercer capítulo.

6. La confianza. Podemos generar confianza mediante pruebas sociales o funcionales. Utilizando la prueba social podrías incluir el número de descargas de un ebook, el número de suscripciones si es un curso o el número de participantes si fuera una conferencia. Mostrar el número de personas que ya han participado o usado la propuesta genera confianza porque las personas nos sentimos más cómodas si vemos que otros ya han recorrido el camino antes que nosotros. Otra forma de incluir la prueba social es mostrando los testimonios de las personas que ya han aceptado la propuesta y dan sus opiniones, pero para dar credibilidad a estos testimonios es mejor mencionar el nombre y empresa de la persona que ha dado su opinión. Adicionalmente, puedes mostrar los logotipos de las empresas con las que has trabajado, siempre que esas empresas o instituciones sean conocidas y tengan buena reputación. Las pruebas funcionales no son recomendadas en la página de captación porque eso implica incluir enlaces que distraen al visitante.

Llamadas a las páginas de captación desde los contenidos de la página web

Puede que tu público no llegue directamente a la página de captura de tu sitio web. En ese caso debemos conseguir que los visitantes accedan a la página de captación desde las distintas páginas que tienes en tu sitio web. Todas las páginas de tu sitio web, las de los servicios, las que muestran tus productos, todas deberían incluir una llamada a la acción para que el visitante se vea persuadido por visitar la página de captación, todas las páginas deberían tener una llamada a la página de captación. En la llamada debemos mostrar el mensaje de la propuesta.

En las páginas donde describimos nuestros servicios solemos enfocarnos en incluir todo el contenido necesario para explicar el producto, pero teniendo en cuenta que el visitante permanecerá solo unos segundos, lo mejor es cambiar el enfoque y desarrollar el contenido de forma que persuada al visitante de ir hacia la página donde tenemos la propuesta de captación de clientes potenciales.

La página de inicio es donde tenemos la mayor oportunidad para enviar a los visitantes a la página de captación. Cuando una persona llega a nuestra página de inicio no sabe cómo navegar y deberá tomar decisiones. Lo que debemos hacer es dejar todo preparado para que el visitante decida rápidamente visitar nuestras páginas de captación.

La mítica página de contacto, aunque no se suele usar, recibe muchas visitas. Esa es una buena oportunidad para redirigir a las personas hacia la página de captación.

Llamadas a las páginas de captación desde los contenidos del blog

¿Cómo podemos hacer que los visitantes que consumen nuestros contenidos del blog viajen hacia las páginas de captación?

Cuando una persona está consumiendo un artículo en nuestro blog lo único que le interesa es encontrar lo que le ha prometido el título maravilloso que vio en algún medio de difusión. Por ejemplo, cuando una persona está en Facebook socializando y de repente le llama la atención una publicación que lleva por título «Cómo conseguir que un niño coma ensaladas y frutas», lo más seguro es que tenga ese problema con sus hijos. Entonces viajará hasta el blog donde se encuentra la explicación de dicho título con la esperanza de resolver su problema. Cuando esta persona por fin se encuentre frente al contenido, no le interesará para nada la empresa dueña del blog y menos sus servicios, por lo tanto, el contenido debe estar desarrollado de tal manera que además de dar la explicación prometida, deba persuadir al público a profundizar aún más con el mismo problema o con problemas parecidos.

En la mayoría de los blogs se reserva un espacio a la derecha del contenido para incluir información adicional sobre los temas del blog, sobre el autor o sobre contenidos anteriores, pero todo esto no es relevante para el visitante puesto que lo único que le interesa es resolver su problema. Debes utilizar este espacio para mostrar las propuestas que hacemos y redirigir al visitante hacia nuestras páginas de captación. El acceso a las propuestas desde estos espacios dependerá de la asociación que exista entre el contenido del artículo y la propuesta que ofrecemos. Por ejemplo, si el artículo explica «Cómo vender usando LinkedIn», una propuesta del tipo «Descarga diez tipos de mensajes efectivos para conectar por primera vez con un cliente potencial». Seguro que al público que le ha interesado saber cómo vender usando LinkedIn le va a interesar también que le hayan hecho la tarea de crear ejemplos sobre cómo conectar con desconocidos en LinkedIn.

Además de la sección que suelen usar los blogs para mostrar propuestas y dirigir al público a las páginas de captación, también podemos hacer las propuestas dentro del contenido. En lugar de incluir enlaces hacia tus otros contenidos, como recomiendan los especialistas en posicionamiento SEO, te recomiendo que solo pongas enlaces que redirijan al público hacia tu página de captación. Recuerda que el tiempo que nos van a dedicar es muy escaso.

En el ejemplo sobre cómo vender usando LinkedIn, justo en el párrafo en que comentamos las características del primer mensaje de contacto podemos proponer la descarga de los ejemplos. A estas llamadas a la acción se les suele llamar call to action.

Debajo de un contenido en un blog hay un espacio que se suele usar para mostrar contenido relacionado o para que el visitante deje algún comentario, pero como nos encontramos implantando un proceso de ventas, también podemos usar este espacio para mostrar nuestras propuestas.

Parece ser que el lugar más efectivo para redirigir al público hacia las páginas de captación está dentro del contenido, pero lo mejor es probar también en el espacio de la derecha y debajo del contenido, no todos los públicos funcionan igual y no todos los contenidos se asocian muy bien con las propuestas.

Algunos creadores de artículos para blog intentan incluir palabras clave dentro del contenido y muchas veces fuerzan tanto el contenido que pierde valor. Estas personas generan contenido pensando en el buscador de Google. Yo te recomiendo que generes tus contenidos pensando en las personas y no en el buscador. Recuerda que serás tú quien proactivamente difundirás y atraerás a tu público; no vas a depender de Google, sino del aporte que das. Google pronto cambiará su algoritmo de búsqueda y dará prioridad a las páginas web que aporten verdadero valor y que sean recomendadas por su público, en otras palabras, pronto pasarán a segundo plano los términos de búsqueda.

Relación entre el proceso de atracción y de captación de clientes potenciales

Existe una estrecha relación entre el proceso de atracción y el proceso de captación de clientes potenciales. Se trata de los dos primeros pasos del proceso de ventas y a su vez ambos deben trabajar de forma que el proceso fluya. Los contenidos de atracción de público deben reforzar las propuestas que encontrarán los visitantes en la página web. Es necesario crear contenido específico para generar clientes potenciales, además del contenido que se usa para desarrollar la marca el negocio.

Los negocios que tienen varios productos o servicios podrán tener varias páginas de captación y en ese caso será necesario crear contenido específico para cada propuesta que hacemos. Por ejemplo, una escuela de negocios que tenga una oferta de cinco másteres diferentes tendrá que crear diferentes propuestas y contenido de atracción específico para cada propuesta. En el caso de que los productos o servicios pertenezcan a líneas de negocio diferentes, será necesario incluso trabajar las propuestas en páginas web diferentes. Este es el caso de los negocios que diversifican y crean nuevas líneas de negocio aprovechando la potencia de su marca o su infraestructura.

Resumen del módulo del proceso de captación de nuevos clientes

Al proceso de captación lo llamaremos «el inicio de la relación comercial con el público potencial». Aunque no se cierran ventas en esta etapa, es el momento en que el cliente potencial revela su identidad, deja de ser un desconocido y se convierte en un miembro de nuestro público con la que podemos comunicarnos de forma personalizada. Este es el cliente potencial que más adelante vamos a persuadir.

La captación de clientes potenciales es un punto clave en el proceso de ventas ya que es un indicador que muestra si vamos a conseguir clientes o no. Cuando comiences a captar personas identificadas con datos de contacto, habrás terminado todo lo que encierra el proceso de crear el público para tu negocio.

Al terminar este proceso, tendrás una lista de clientes potenciales identificados, a los que vas a persuadir posteriormente. En los capítulos de persuasión y de cierre de ventas te explicaré cómo convertir a tu público (me refiero a la lista de clientes potenciales que has generado) en clientes finales.

CAPÍTULO 3. EL PROCESO DE MADURACIÓN DE CLIENTES POTENCIALES USANDO CONTENIDOS

¿Por qué madurar a un cliente potencial?

El público que has conseguido identificar a través de tus páginas de captación no está listo para comprar tus productos o servicios. Recuerda que ellos no buscaban productos como los tuyos, se han acercado atraídos por la ayuda que recibirían. Si intentas hacerles una propuesta de venta en este momento, lo más seguro es que lo rechacen y este es el motivo por el que se torna necesario hacerlos pasar por un proceso de maduración para tenerlos más predispuestos a hacer negocios con nosotros.

El público que has captado suele rechazar ofertas comerciales por dos motivos. El primero es que no desea lo suficiente el producto y el segundo es porque no confía lo suficiente en el proveedor. Esto es lo que debemos trabajar en el proceso de maduración, debemos conseguir que el cliente desee nuestro producto y que además confíe en nosotros.

La intención de compra es la suma del deseo de un producto y la confianza sobre el proveedor. Cuando un visitante de tu página web pasa a ser parte de tus clientes potenciales, lleva una intención de compra muy baja. Por lo tanto, necesita pasar por el proceso de maduración para incrementar dicha intención de compra al nivel necesario para comprar tus productos o servicios. Recuerda que la fórmula para incrementar la intención de compra es «deseo sobre el producto + confianza sobre el proveedor». El deseo de compra requiere entendimiento, problema que debemos resolver y motivos para obtener la solución cuanto antes. Por ejemplo, cuando nos explican que una página web es capaz de generar clientes constantemente, entendemos que es posible incluir la página web en nuestro proceso comercial, pero si además nos dejan claro que cada día que pasa estamos perdiendo la oportunidad de interactuar con muchos clientes, es entonces cuando tenemos motivos para acelerar el cambio.

Relación entre el proceso de captación y de maduración de clientes potenciales

La captación y la maduración de clientes potenciales son, respectivamente, la segunda y la tercera etapa del proceso de ventas. En el proceso de captación hacia una propuesta entregas una ayuda al público y en el proceso de maduración debes continuar compartiendo nuevas ayudas, por ese motivo ambos tipos de ayuda deben estar asociados a los problemas del perfil del público con el que nos comunicamos.

El contenido que compartimos en el proceso de maduración debe ser muy útil para crear confianza y a la vez debe facultar al cliente potencial del entendimiento necesario para desear productos como los nuestros.

Veamos un ejemplo. Cuando una clínica veterinaria ofrece una guía para aprender a lavar el pelo de las mascotas según la raza, conseguirá captar un público interesado en el aseo de sus mascotas. Luego, en el proceso de maduración debe continuar la ayuda con el fin de generar confianza y deseo de compra. El contenido de maduración podría ser información sobre los problemas que se pueden generar en el pelo de sus mascotas y cómo puede afectar eso en la salud de las mascotas. Debes notar que la ayuda en la maduración la debes dirigir hacia tus productos, por lo tanto, la ayuda debe incluir información que permita entender el problema y la solución con productos como los tuyos.

Métodos de persuasión usando contenidos

Ahora veremos cómo incluir elementos de persuasión en la forma de generar contenido para el proceso de maduración. Existen dos formas de conseguir que entiendan nuestro mensaje con eficiencia, como vimos en el primer capítulo en el proceso de atracción. Me refiero a las técnicas del ¿por qué? y el ¿cómo?, que se pueden utilizar también en esta etapa del proceso comercial.

Las empresas quieren que su público valore sus productos y para conseguir esto, es necesario que se entienda de forma clara cómo sus productos solucionan el problema y, sobre todo, que coincida con el público que sufre dicho problema. Veamos algunos ejemplos para aclarar este punto. Cuando una empresa dice que se dedica a vender juguetes está convencida de que su explicación es clara, pero no existe un público que sufra el problema de encontrar juguetes, existen muchos lugares donde encontrarlos. Pasará lo mismo si decimos que nuestros productos son variados, con servicio personalizado y con mucha calidad.

Ahora veamos un ejemplo donde existe una maduración eficiente. Una empresa que se dedica a imprimir y vender libros para autores que hacen autopublicaciones necesita que su público entienda el valor de su servicio. Sus contenidos de maduración están enfocados en enseñar a cualquier persona a escribir un libro en cualquier temática y a mostrar que es posible vender dicho libro. Todo el contenido de maduración está centrado en facilitar el proceso de publicación de un libro para que las personas que no se ven capaces de publicar un libro entiendan que es posible ilusionarse con la publicación de su propio libro y además les sea rentable. En este ejemplo se consigue crear deseo y la ayuda que se da al público genera confianza.

En el ejemplo de la publicación de libros se usa el método del ¿cómo? En el contenido de maduración, porque enseñan al público a crear sus propios manuscritos. Por otro lado, también usan el método del ¿por qué? con contenido que revela que es posible vender libros aunque no haya una editorial de por medio.

La estrategia de maduración del público captado

Para plantear una estrategia de maduración debes elegir el método de persuasión, estos pueden ser de descubrimiento o de formación. Podrás usar el método de descubrimiento cuando tu producto, el problema que resuelves o la solución que ofreces necesitan un grado de explicación alto, por ejemplo, los servicios de coaching. Por otro lado, podrás usar el método de la formación cuando el cliente necesite instrucción para darse cuenta de que necesita tu producto, por ejemplo, las herramientas de bricolaje.

Veamos otro ejemplo con el método de descubrimiento: una empresa de formación sobre el desarrollo de las inteligencias múltiples en los niños, con actividades que son trabajadas en los colegios, necesita que los padres comprendan la importancia del desarrollo de las inteligencias múltiples porque se trata de un tema bastante desconocido. Si el cliente (los padres) no comprende la problemática e importancia de este tema, será complicado vender el producto. En este caso es necesario hacer una maduración del tipo descubrimiento para hacer visible este problema poco evidente.

Ahora vamos a ver un ejemplo utilizando el método de formación. Una madre primeriza tiene poca experiencia sobre los cuidados de su hijo, por lo tanto, las empresas que tienen productos para aseo o alimentación de bebés necesitan hacer una maduración en la que formen o eduquen a las madres sobre la forma adecuada de asear o alimentar a sus bebés.

Luego de elegir el método de maduración debe seguir el tipo de secuencia de maduración. Puedes hacer secuencias de maduración corta o secuencias de largo plazo. La maduración con secuencias cortas se utiliza cuando queremos trabajar la venta de productos o servicios sin repetición de compra, por ejemplo, la venta de entradas para un congreso o para un concierto. Por otro lado, las secuencias de maduración de largo plazo se utilizan para productos o servicios donde es posible la repetición de compra; por ejemplo, la ropa, la alimentación, productos de aseo, etc.

Veamos un ejemplo de maduración con secuencias cortas. Una empresa de eventos quiere lanzar un congreso de innovación y necesita vender entradas. Suponiendo que ha trabajado bien los pasos de atracción y captación de clientes potenciales, ahora debe madurar a este público. Vamos a elegir el método del descubrimiento porque necesitamos que los posibles asistentes comprendan el valor que recibirán al participar en el congreso y además vamos a elegir la maduración de secuencia corta porque se van a vender entradas y no es necesaria la repetición de compra. En la maduración de secuencia corta debemos preparar un número de contenidos que vamos a enviar a los clientes potenciales de forma periódica a través de correo electrónico para asegurar que se entienda el valor de la participación y generar deseo de compra.

Ahora veamos un ejemplo de maduración con secuencias largas. Una empresa que envía a sus clientes potenciales (mamás) revistas sobre el cuidado de sus hijos y lo hace cada mes, desde el nacimiento hasta los tres años del niño. La información que envían es sobre el cuidado del niño durante en el primer mes, el segundo mes, el tercer mes y así hasta el trigésimo sexto mes. En este caso, la empresa ha elegido el método de maduración de formación y la secuencia larga para fomentar la repetición de compra del cliente. En este caso, el contenido se envía cada mes en formato impreso, esto refleja que los contenidos de maduración no siempre son en formato digital.

En resumen, para crear la estrategia de maduración de tu producto o servicio debes elegir el método de maduración (descubrimiento o formación) y debes escoger el tipo de secuencia de maduración (secuencia corta o secuencia larga).

Cómo crear el proceso de maduración de clientes

El proceso de maduración se hace a través de la distribución del contenido, y los contenidos se preparan normalmente en correos electrónicos, pero también se preparan y se distribuyen a través de correos postales, como hemos visto en un ejemplo anterior en que se enviaban revistas físicas a las madres, una cada mes. También es usual hacer los envíos de forma automatizada, si es en formato digital los contenidos se pueden dejar programados para que se envíen de forma automática y si es en formato físico, también se puede pactar con la empresa de envíos para que lo haga periódicamente.

Los contenidos para la maduración de secuencias cortas se suelen crear previos al inicio de los envíos y los contenidos para maduración en secuencias largas se suelen crear de forma periódica para adaptar cada contenido al momento en que se envía.

Para implantar el proceso de maduración, además de decidir el formato de los contenidos y la forma de prepararlos, es necesario elegir el número de envíos y su periodicidad. En secuencias cortas el número de envíos será el necesario para transmitir lo que hace falta para valorar el producto o servicio. La periodicidad debería ser muy corta, puesto que intentamos rematar el proceso de maduración en un periodo corto para que no se enfríe el deseo que se está generando. Por otro lado, en la maduración con secuencia larga, el número de envíos estará sujeto al ciclo de vida del cliente. Por ejemplo, en el caso de las madres que reciben revistas sobre el cuidado de sus hijos durante tres años, el periodo lo determinan los productos que solo son para niños menores de tres años. Por otro lado, la periodicidad la determina el tiempo en que se sabe que el cliente necesitará nuevamente los productos o servicios. En el caso de las revistas sobre bebés, se determinó que cada mes el niño requiere de nuevos cuidados y nuevos productos.

Veamos otro ejemplo de maduración con secuencia larga en el que el ciclo de vida del cliente sea indeterminado, es el caso de una marca de zapatos para mujer, que envía contenidos sobre cómo combinar los zapatos según la personalidad de cada persona. En este caso el envío de contenidos no tendrá una fecha de fin y los clientes potenciales que han aceptado esta propuesta esperan recibir esta información periódicamente sin fecha de finalización.

¿Por qué es necesario automatizar el proceso de maduración de clientes?

Te daré tres razones por las que es importante automatizar el proceso de maduración:

1. La primera razón es que al automatizar el proceso de maduración, el proceso de ventas va a funcionar los 365 días del año, las 24 horas del día y los siete días de la semana. Todos queremos un proceso de ventas que funcione mientras dormimos, los sábados, los domingos y cuando estamos de vacaciones. El público potencial generado por los procesos de atracción y captación seguirá la secuencia de maduración independientemente de que tú estés disponible o no.

2. La segunda razón es el ahorro en el coste de adquisición del cliente. Los procesos de ventas usando contenidos generan muchos clientes potenciales y no todos se convierten en clientes finales. Si tuviéramos que reunirnos o dedicarles tiempo a cada uno de los clientes potenciales desde el primer contacto, el coste de adquisición de nuevos clientes sería muy alto. Al automatizar el proceso, este se hace más eficiente y el coste de adquisición de clientes se reduce.

3. La tercera razón es que podemos lanzar acciones de persuasión durante el proceso de maduración. No siempre es necesario que termine todo el proceso para que recién hagamos una oferta al público potencial, muchas personas se ven persuadidas antes de que termine el proceso. Tenemos que detectar a aquellas personas que se ven persuadidas durante el proceso de maduración y para ello tenemos que provocar algunas acciones utilizando enlaces que, al ser usadas,

revelarán el interés de algunos clientes potenciales y podremos cerrar ventas de forma temprana.

Cómo crear el contenido de maduración

Al igual que el contenido de atracción, en el desarrollo del contenido de maduración debes tener en cuenta la forma y el fondo. En cuanto a la forma, es necesario que el contenido sea muy breve y que no incluya enlaces, a menos que se trate de enlaces para detectar si el cliente potencial tiene interés de compra temprana. Por otro lado, sobre el fondo del contenido de maduración, deberíamos cuidar el mensaje. Si vamos a enviar contenido a través de correo electrónico, deberíamos usar solo un mensaje en cada contenido. Ya se sabe que el público hace microconsumo del contenido digital, y por ese motivo lo mejor es reducir el número de mensajes a su mínima expresión en cada envío.

Si tu proceso de maduración tiene una secuencia corta, lo que debes hacer es elegir los mensajes clave que son necesarios para persuadir al cliente potencial y generar un contenido por cada uno de los mensajes. Por otro lado, para proceso de maduración con secuencia larga, lo mejor es elegir el mensaje más adecuado en cada envío.

Las herramientas para automatizar el proceso de maduración de clientes

Existen varias herramientas para trabajar el proceso de maduración; las empresas de envío de mailing como Mailchimp e Icontac, que son herramientas online que permiten enviar correos y programar los envíos, tienen versiones gratuitas y de pago, son herramientas que podrías comenzar a usar y que te permitirán medir la eficiencia de la secuencia de envío de contenidos de maduración. Con estas herramientas podrás conocer el número de aperturas, el número de clics en los enlaces dentro del contenido y además cuánto abandono hay en esas listas a las que envías tus contenidos. Estas son herramientas básicas que recomiendo para empezar. Luego existen herramientas más eficientes que permiten hacer seguimiento y etiquetar a las personas que van interactuando con el contenido, me refiero a Hubspot y Salesforce, aunque son herramientas que requieren una inversión y si tu negocio lo justifica, te recomiendo que las uses. En Internet puedes encontrar las características detalladas de cada una de ellas.

Hay otro tipo de herramientas para automatizar el proceso de maduración e incluso automatizar diferentes caminos para los clientes potenciales que detectemos que tienen mayor intención de compra, me refiero a Converkit y Route, que son herramientas que permiten hacer la automatización de envíos y, además, están preparadas para identificar o marcar, con etiquetas, al público de acuerdo al comportamiento que realice sobre el contenido de maduración.

Resumen del proceso de maduración de clientes

No debes olvidar que la maduración de clientes potenciales es necesaria para generar deseo de compra y para generar la confianza necesaria para que las ventas se cierren.

Los métodos de persuasión que hemos visto en este capítulo están enfocados en el proceso de maduración aunque son parecidos a los métodos de persuasión del proceso de atracción de público. Se trata del método del descubrimiento y el método de la formación.

En este capítulo has aprendido a crear la estrategia de maduración y para ello debes elegir el método de descubrimiento o de formación. Además debes elegir el tipo de secuencia de maduración, corta o larga dependiendo de si es necesaria o no la repetición de compra.

También has visto en este capítulo la forma de implantar el proceso de maduración en el que debemos tener en cuenta el formato de los contenidos, la forma de distribución y la forma de definir el número de contenidos y la periodicidad de los mismos.

En este capítulo también hemos visto los aspectos de forma y fondo que debemos tener en cuenta al crear contenido de maduración y la automatización del proceso de maduración.

Finalmente, has visto algunas herramientas para automatizar el proceso de maduración y cómo estas herramientas son capaces de medir los resultados e incluso detectar a los clientes potenciales con mayor intención de compra.

Nunca intentes saltar el proceso de maduración, muchas personas piensan que al conseguir clientes potenciales y poder comunicarse con ellos, deberían intentar hacer una propuesta comercial o intentar vender directamente sus productos. Actuar de esta manera es como intentar comerse una fruta que aún no está madura; el rechazo puede ser muy grande y lo peor de todo es que hemos hecho un trabajo comercial inicial en las etapas de creación y captación de público potencial, estas acciones han tenido una inversión de tiempo y de recursos que se perderán.

CAPÍTULO 4. PROCESO DE CIERRE Y REPETICIÓN DE COMPRA

La propuesta de cierre de una venta o de una repetición de compra

Teniendo en cuenta que estamos tratando con un público que ya confía en tu negocio y que está maduro porque ha pasado a través del proceso de maduración, el proceso de cierre debería ser más sencillo.

En un proceso de maduración con secuencia corta es necesario incluir enlaces sutiles hacia el producto para detectar a los clientes potenciales que se convencen con los primeros contenidos de maduración. Para los clientes potenciales que no se han convertido en clientes hasta el final de la secuencia de maduración corta, será necesario hacerles una propuesta irresistible al final de la secuencia. Se supone que al consumir los contenidos del proceso de maduración el cliente ya está maduro y solo necesita un pequeño empujón para comprar nuestros productos, para ello es la propuesta irresistible al final, y esta propuesta debe incluir elementos que faciliten la compra pero sin dejar de ser una propuesta rentable para tu negocio.

En un proceso de maduración con secuencia larga, cada contenido que se envía debe llevar un componente fuerte de persuasión que haga que el cliente potencial sea el que da el paso por sí solo y compre los productos las veces que podamos hacerlo. En este caso, el mensaje que enviamos debe generar el deseo de compra. Ejemplos sobre esto los podemos ver en el ejemplo de la marca que enviaba consejos para combinar los zapatos o la empresa que enviaba información sobre el cuidado de los bebés.

Otra forma de realizar cierres de ventas durante el proceso de maduración es incluyendo, dentro del contenido, enlaces que etiqueten a los clientes potenciales que lleven niveles de intención de compra altos. Por ejemplo, las empresas de eventos que se encuentren madurando clientes para que asistan a un congreso sobre innovación pueden incluir enlaces hacia el programa o hacia los ponentes para detectar quiénes comienzan a tener mayor interés por asistir al congreso.

Un aspecto importante sobre el comportamiento de las personas en Internet es que nos gusta conseguir la información que necesitamos sin interactuar con las empresas. Aprovechando este comportamiento, debemos incluir enlaces a información que ayude al público a informarse por su cuenta sin preguntar al personal de tu empresa. Como ya sabemos quién es, siempre podremos saber quién se está informando más sobre nuestro producto. Por ejemplo, al incluir enlaces a herramientas para el cálculo de precios o a la personalización de un presupuesto, detectaremos rápidamente a los interesados porque estas acciones son muy persuasivas. Algunas empresas proponen a su público que soliciten la información del producto o servicio, en realidad ese tipo de acciones no funciona muy bien, como he comentado antes, el comportamiento de las personas en Internet tiende a que ellos puedan disponer de la información sin interactuar con el personal de las empresas.

Coste de adquisición y potencial de un cliente
Hasta ahora no hemos hablamos sobre el precio en una propuesta de cierre, si deberías reducirlo y cuánto debería ser esa

reducción. Pues bien, en una propuesta de cierre no siempre es necesario hacer un descuento en el precio, se pueden dar otro tipo de beneficios en el servicio o en el producto, pero si optas por incluir un descuento en el precio de la propuesta hazlo teniendo en cuenta los siguientes aspectos:

El coste de adquisición de un cliente. Intenta responder esta pregunta: ¿cuánto te cuesta hacer un nuevo cliente? Si no lo sabes, intenta calcularlo mentalmente o al menos haz el cálculo de la parte comercial. ¿Comercialmente, cuánto cuesta hacer un nuevo cliente? Debes tener personal comercial y gastos comerciales, con eso calcularás los gastos y conociendo la periodicidad en que generamos un nuevo cliente, podrás saber cuánto es el coste de adquisición de un cliente nuevo. Supongamos que hacer un nuevo cliente le supone a tu empresa una inversión de 500 €, al hacer una propuesta para acelerar la compra vas a evitar parte de esta inversión, entonces tendrás una pista del descuento que puedes hacer en tu propuesta.

El potencial del cliente es el segundo elemento a tener en cuenta al hacer una propuesta de cierre, para saber el potencial de tu cliente debes responder a la siguiente pregunta: ¿cuánto beneficio conseguirás con el cliente en el tiempo? Por ejemplo, una asesoría contable y fiscal sabe que al hacer un nuevo cliente, lo más probable es que este cliente continúe siéndolo durante toda la vida de su negocio. Esto nos da información del beneficio futuro y es posible usar dicha información para formular una propuesta de cierre.

Las operadoras de telefonía saben perfectamente cuánto cuesta hacer un nuevo cliente y qué beneficios le daría un cliente medio en el futuro, se entiende que a las personas les cuesta cambiar de operador. Las empresas de televisión por cable saben que el cliente es bastante infiel y puede cambiar de proveedor con más facilidad, pero aun así saben el tiempo mínimo de permanencia de un cliente medio y con eso calculan el potencial del cliente.

En resumen, nunca debes perder de vista estos dos datos, el coste de adquisición de tu cliente y el potencial que tiene, muchas empresas no lo saben y esta información es valiosa, no solo para hacer propuestas comerciales, sino también para optimizar el proceso comercial y calcular el beneficio futuro.

Cómo provocar la repetición de compra de los clientes

Veamos cómo provocar la repetición de compra de nuestros clientes. Me refiero a los clientes que han pasado por el proceso de maduración y que han comprado nuestro producto. Tu negocio puede que necesite que los clientes repitan las compras. Por ejemplo, sabemos que las personas compran un número de zapatos al año y ese es el potencial anual que tienen con respecto a ese producto. Por otro lado, sabemos cuál es el mínimo de compra y cuál podría ser el máximo de compra, entonces, ¿qué potencial de compra cubre las empresas de calzado? Si una persona compra diez pares de zapatos al año y nosotros solo le vendemos un par, quiere decir que solo atendemos 10 % del potencial de compra que tiene este cliente sobre los zapatos.

Como ves, para iniciar un proceso de repetición de compra, lo mejor es saber previamente cuál es el potencial de repetición de compra de un cliente medio y si vamos a hacer el esfuerzo por incrementar dicho potencial o vamos a quitarle potencial a otros proveedores del cliente.

Con esta información plantearemos la estrategia de maduración con un tipo de secuencia de largo plazo. Esta información también nos ayudará a definir el tipo de mensajes que debemos enviar y la periodicidad de las comunicaciones.

Veamos el ejemplo de una empresa que vende ropa para mujer y que decidió ofrecer el servicio de ayuda sobre cómo combinar los zapatos con la ropa que ya disponía cada persona. Las personas que se inscribían recibían un contenido a través del correo electrónico cada viernes sobre cómo combinar sus zapatos usando la ropa que ya tenía en su armario. El público comprendía las edades entre treinta y treinta y cinco años y lo que se provocaba era el deseo de combinar los zapatos de la forma en la que se recomendaba, pero la mayoría de las veces la ropa que se mostraba en combinación con los zapatos, no la tenían las personas. Estos productos estaban disponibles para su compra en la tienda que enviaba los contenidos.

Este proceso de maduración con secuencia larga es idóneo para acelerar la repetición de compra y con esto se consigue ganar el potencial de compra de cada uno de los clientes.

Hay otro tipo de público que no necesariamente repetiría las compras de los mismos productos, pero sí podría hacer compras de otros productos. Este es el caso de las madres que van haciendo compras de productos diferentes, dependiendo de la edad de sus hijos. Las empresas que envían una revista mensual sobre el cuidado de los bebés consiguen que los padres continúen comprando al mismo proveedor, aunque diferentes productos.

Cómo medir la eficiencia del proceso de ventas
Ahora veremos cómo medir la eficiencia del proceso de ventas usando contenidos. En realidad solo debes tener en

cuenta tres medidas, tres indicadores que van a decirte claramente y en cada momento cómo va el proceso de ventas. A estos indicadores los vamos a llamar ratios. Coge lápiz y papel y escribe los cuatro procesos que hemos visto: el proceso de atracción, el proceso de captación, el proceso de maduración y el proceso de conversión (o proceso de cierre). Una vez que hayas escrito los cuatro procesos, entre proceso y proceso existirá el cambio de proceso hecho por un visitante; por ejemplo, la persona que es atraída, se convierte en parte de nuestro público cuando conseguimos captar sus datos de contacto, y ese sería el primer eslabón que marcará un ratio de conversión de clientes potenciales. Luego todos los que pasan a ser parte de nuestros clientes potenciales serán madurados y el ratio de maduración nos dirá la medida del público que termina el proceso de maduración. Finalmente, el ratio de venta será la medida del número de clientes madurados sobre el número de clientes finales.

Entonces las medidas serán: el ratio de creación de público, el ratio de maduración y el ratio de conversión de cliente final. ¿Qué significa cada uno de estos ratios? Significa la capacidad que tenemos para generar clientes a partir de los visitantes.

Luego de implantar un proceso de ventas usando contenidos, el trabajo debe estar enfocado a optimizar los ratios, ajustando los contenidos, ajustando la página de captación, modificar los contenidos de maduración y todo con el objetivo de que estos ratios mejoren constantemente. Es necesario tener en cuenta que el cambio en el comportamiento de compra de nuestros clientes hará que los ratios se modifiquen.

¿Cómo saber qué nivel de ratios es bueno? En realidad esto no se debe calcular teniendo en cuenta el proceso de atracción del público, sino del objetivo de ventas que nos planteemos en cada periodo. Debemos hacernos la pregunta: ¿cuánto queremos incrementar nuestras ventas a partir de que implantamos este proceso de ventas? Pongamos un ejemplo. Con objetivo de ventas de cien mil euros, lo primero que vamos a hacer es saber qué ingreso produce una venta media de nuestro producto. Pongamos como ejemplo cinco mil euros. Entonces necesitamos hacer veinte ventas porque 20 x 5.000 € generará 100.000 €, para conseguir esto debemos saber el número de público que tenemos que madurar y si el ratio de conversión de público madurado a cliente final es del 50 %, necesitaríamos 40 personas o empresas maduras. Luego, si nuestro ratio de conversión de público captado sobre el público que termina el proceso de maduración es del 20 %, necesitaremos 200 clientes potenciales para madurar. Finalmente, si el proceso de captación de clientes potenciales es del 10 %, debemos generar al menos 2.000 visitas a nuestra página de captura para conseguir 200 clientes potenciales para ser madurados.

En nuestro ejemplo necesitamos 2.000 visitas a la página de captación de clientes potenciales y nos faltaría hacer un análisis de los contenidos de atracción y la difusión que necesitamos para generar 2.000 visitas en el periodo deseado.

Conclusiones del proceso de ventas usando contenidos que te ayudará a crear tu público

Hemos llegado al final del proceso de ventas usando contenidos y debes recordar en todo momento que la implantación de un proceso de ventas usando contenidos es a su vez un proceso constante de mejora de ratios. Este proceso se basa en dos etapas: la primera es crear el público, y la segunda, vender o persuadir al público creado, siempre necesitaremos público a quien persuadir, y si lo generamos de forma constante, vamos a asegurar que nuestro proceso de ventas funcione.

Lo mejor de este proceso es que podemos darnos cuenta, desde el inicio de su funcionamiento, de si lo estamos haciendo bien o hay ratios que debemos mejorar. Sabremos que avanzamos cuando notemos que ya recibimos visitas de clientes potenciales a nuestra página de captación. Luego, si conseguimos identificar a clientes potenciales a través de nuestra página de captación, sentiremos que ya tenemos posibles clientes y los podremos identificar. Finalmente, sabremos si el proceso de maduración funciona o hay que ajustarlo antes de conseguir los primeros clientes.

Los procesos de venta tienen etapas diferentes y el saber dónde estamos fallando permite hacer ajustes rápidos sobre la parte afectada del proceso de ventas y continuar vendiendo.

CAPÍTULO 5. CÓMO ESCRIBIR ARTÍCULOS EN UN BLOG PARA VENDER

Estrategia de contenidos

Seguro que tienes una definición clara y rigurosa de lo que es una estrategia, pero aquí vamos a utilizar una definición muy sencilla, que nos sirva de referencia para explicar la forma de usar el contenido en un blog. La estrategia será simplemente **la elección de un camino a seguir** y eso implica la renuncia momentánea a las demás alternativas.

Ahora necesitaremos una definición de contenido para un mejor entendimiento. **El contenido es una herramienta que nos permite ser útiles a un determinado público.**

Con estos dos conceptos claros, sobre estrategia y contenido, estarás listo para definir la estrategia de contenidos para tu blog.

El contenido crea audiencias

La misión principal del contenido es crear públicos, independientemente de las intenciones que tengas para ese público. Es importante que siempre asocies los contenidos a la creación de públicos, eso te ayudará a visualizar los posibles caminos que podrías seguir.

Piensa en el blog que gestionas o en el que quieres crear y hazte la siguiente pregunta: ¿el objetivo del blog es crear un público? La respuesta debe ser afirmativa si piensas usar el blog para vender.

Recuerdo el blog donde comencé a escribir artículos, era de una empresa que necesitaba contenido muy específico sobre software de gestión. En aquella época no lo llamábamos blog sino recursos para desarrolladores de software y todos los lectores tenían un perfil parecido. Lo importante no era el número de lectores que teníamos, sino lo enganchados que estaban al contenido, teníamos peticiones del tipo de contenido que querían, incluso sugerían la frecuencia. Habíamos creado una público específico.

El contenido debe crear audiencias cuyos miembros tienen un problema común y este problema no debe estar resuelto aún.

¡Enfoque!

Puede que no estés de acuerdo conmigo en la siguiente afirmación: el objetivo de escribir un blog siempre es vender. Aun cuando se trata de un blog personal, la intención es desarrollar una reputación que ayude a vender a su creador como una autoridad en un determinado tema.

Debo admitir que también asesoro a empresas con blogs que tienen como objetivo desarrollar marca, pero a través de conectar con el público y ayudarles, favorecemos la venta e incluso medimos el impacto de la marca en las ventas.

En el marketing de contenidos es difícil separar el proceso de desarrollo de marca con el proceso de ventas, digamos que están solapados y que es necesario desarrollar marca para vender. En otras palabras, para vender usando contenidos debes hacer que tu producto deje de ser un commodity (producto no diferenciado).

¿Cómo dejar de ser un commodity?

Los productos cuyos clientes perciben como única diferenciación el precio, son commodity. Es difícil conseguir una diferenciación significativa en el producto o servicio, pero el contenido de tu blog puede crear esa diferenciación sin siquiera hacer cambios en tu producto.

Veamos un ejemplo:

Una asesoría contable es un buen ejemplo de producto commodity. Un cliente potencial que no conoce esta asesoría va a percibirla como commodity, por mucho que este negocio se empeñe en decir que tiene un servicio personalizado. Realmente veo complicado que el servicio de una asesoría pueda cambiar al grado de cambiar la percepción del cliente potencial. Sin embargo, si esta empresa decide compartir información relevante para emprendedores y consigue crear un público, la percepción de dicho público será algo así: es la asesoría contable de los emprendedores.

El contenido es capaz de crear diferenciación incluso sin hacer cambios drásticos en el producto o servicio.

Contenido útil...

El contenido que consigue crear público debe ser útil, dicha utilidad implica relevancia y si el público no es homogéneo, será difícil conseguir dicha relevancia.

Veamos un ejemplo:

Un profesional de las ventas tiene un blog en el que comparte contenido sobre técnicas de venta y gestión de objeciones. Aparentemente el contenido es útil para cualquier vendedor, pero esta percepción no es tan cierta. Todos los productos y servicios no se venden de la misma manera, no todos los vendedores tienen la misma experiencia y no todos los vendedores tienen los mismos recursos y contactos.

Cuando desarrollamos un blog con un enfoque de ventas, debemos buscar la utilidad haciendo la siguiente pregunta: **¿qué necesita creer o saber el cliente para hacer negocios con nosotros?**

Si lo que buscas con el blog es reputación, cambia un poco la pregunta. **¿Qué necesita creer o saber tu público para asociarte con algún concepto?**

El mayor error que sigo observando en las estrategias de blog de empresa es que se centran en ser importantes en vez de enfocarse en ser útiles. Los artículos que publican son sobre premios recibidos, clientes nuevos o trabajos realizados.

Pasos para definir la estrategia para tu blog

Veamos los cinco pasos para definir la estrategia de contenidos:

1. ¿Dónde quieres llegar y quién te ayudará?

Como dije al principio de este capítulo, debemos elegir un camino y antes de elegirlo debemos decidir donde queremos ir. Damos por hecho que queremos crear un público, pero las preguntas que debemos hacer son: ¿qué queremos que haga por nosotros el público?, y, ¿qué haremos por ellos en compensación?

Definir cuál será el público que queremos atraer nos ayudará a encontrar una propuesta de valor relevante para ellos. Cuanto más específico sea este público, será más fácil encontrar esta respuesta.

Veamos un ejemplo:

Una empresa dedicada al desarrollo de páginas web puede pensar que su público es tan amplio que no es posible definir uno más específico. Esto pasa porque la mayoría de las veces pensamos que la única forma de escoger el público es por el sector o la actividad económica que desarrollan y no queremos cerrarnos puertas eligiendo solo algunos. ¿Qué pasaría si utilizáramos otros criterios para acotar el público, por ejemplo, interés de las empresas por atraer clientes, mejorar la atención al cliente o asociar su marca a determinados valores? Existen muchos blogs que ayudan a usar la web para atraer clientes, hay menos blogs que ayudan a hacer una eficiente atención al cliente a través de la página web y hay muchos menos blogs que ayuden a empresas a asociar su marca a determinados valores.

Por lo tanto, si quieres que un grupo de personas haga algo por ti, debes dar algo valioso en compensación y para conseguir que todo el público elegido perciba tu propuesta como valiosa, debes acercarte a un público lo más parecido posible.

2. La propuesta de valor

Solo es posible definir una propuesta de valor coherente si tenemos claro el perfil del público que queremos atraer.

Veamos las características de una propuesta de valor:

1. **Funcionalidad**: ¿es útil para el que lo recibe?
2. **Conveniencia**: ¿la propuesta está al alcance del público?
3. **Relevancia**: ¿es difícil encontrar ayuda parecida en otros blogs?

Ahora piensa en algún blog que estás gestionando o que conozcas y observa si su propuesta de valor cumple estas características.

Volviendo al enfoque de ventas, ¿queremos vender algo?, si es así la característica FUNCIONALIDAD es clave. La utilidad debe estar íntimamente asociada a lo que necesita saber o creer para hacer negocios contigo.

Veamos un ejemplo:

Conocí una empresa que vende muebles para hogar y tenía un blog con contenidos de ayuda sobre materiales y mantenimiento. Definitivamente, la propuesta del blog es funcional, conveniente y relevante. Sin embargo, descubrimos que era más fácil conectar con el cliente cambiando la funcionalidad de la propuesta, pues lo que necesitaba saber el cliente, para hacer negocios con esta tienda, era sobre decoración y, además, debían creer que la empresa era una autoridad en decoración.

En resumen, la propuesta de valor del blog debe ser funcional, conveniente y relevante para un público determinado, pero no debemos perder el foco de las ventas y debemos centrar la funcionalidad en lo que necesitan saber o creer el público elegido, para hacer negocios con nosotros o para recomendarnos.

3. El contenido
Desde un punto de vista estratégico, debemos hacer contenido...

- ... que la gente comparta.
- ... con buen ranking en Google.

- ... que haga que la gente te siga por email.
- ... que genere ventas.

En la creación de tu estrategia de contenidos debes usar la funcionalidad que has definido en tu propuesta de valor y hacer una lista con todo lo que necesita saber o creer tu público para hacer negocios contigo.

Cuando tengas esta lista, intenta darle orden o prioridad, se trata de educar al público y digamos que la formación debe ser gradual. En este caso te recomiendo que el orden vaya de lo que más conoce el cliente a lo que menos conoce.

El desarrollo de contenidos que educan a un cliente de forma gradual y en secuencia favorece a que se enganchen y scan recurrentes a nuestro blog.

Esta secuencia de contenidos debe ser fácil de seguir independientemente del momento en que se una un nuevo lector a nuestro blog. Puedes agrupar el contenido por categorías para que sea fácil encontrar la secuencia.

4. La difusión

No hay nada peor que un contenido útil, interesante, legible y que enganche, pero que no tenga lectores.

Muchos autores de blogs piensan que la clave de la difusión la determina el número de contactos que tienen en Facebook, Twitter o Linkedin, etc. Lo cierto es que la clave de la difusión del contenido de un blog la determina el público que somos capaces de crear; me refiero al público que ha dejado su anonimato y ha entrado en nuestra base de datos de lectores.

Conozco varias personas que gestionan blogs con contenido muy útil e interesante, pero que me han confesado que la única base de datos que tiene es la de los pocos que han dejado el email en el campo «Suscribir al blog» o los propios clientes de la empresa. Esto no solo es ineficiente, sino que se ha perdido el enfoque… ¡generar nuevas ventas!

Más adelante veremos cómo conseguir lectores, o lo que es lo mismo, cómo crear el público para nuestro negocio.

Así como la difusión depende de la base de datos que generemos, la base de datos depende en gran medida de nuestra habilidad para escribir los títulos de los artículos. Más adelante veremos varios ejemplos prácticos sobre cómo crear títulos.

Ahora quisiera que te pongas en lugar del lector que quieres para tu blog y te hagas la siguiente pregunta: ¿qué sería tan relevante para mí que sería capaz de ceder mi correo electrónico y estar dispuesto a recibir información de forma constante?

La difusión la determina la base de datos que somos capaces de generar y no los contactos de redes sociales.

5. El análisis

Lo que no se puede medir, no se puede gestionar. Esto lo sabemos todos y aunque estamos de acuerdo, casi nunca medimos lo que hacemos. En la estrategia de contenidos para tu blog, es necesario usar al menos los siguientes indicadores:

- Número de visitas a cada publicación. (Alcance total de cada publicación.)
- Tiempo medio de lectura en cada publicación.
- Numero de lectores que han pasado a nuestra base de datos.

- % de personas en la base de datos sobre el número de visitas.
- % de recurrencia de lectores vs. nuevos lectores.
- Número de clics en los enlaces dentro del contenido. (Son enlaces de acción.)

Podemos seguir todos estos indicadores con la herramienta Google Analytics, no es necesario usar herramientas de pago.

No es necesario ser tan estricto con el uso de indicadores, lo importante es saber si el contenido que estamos haciendo en los artículos contribuye a que se cumpla la propuesta de valor que ofrecemos.

En resumen: si la propuesta de valor no cumple sus objetivos, el responsable es el contenido que creamos, y la única forma de saber si el contenido es el adecuado es usando un mínimo de indicadores.

Ejercicio:
Tómate unos minutos para imaginar cómo cambiaría tu negocio si consigues crear 100 nuevos clientes potenciales e incluirlos en tu base de datos.

Piensa en cuántos clientes podrías convertir cada mes usando esos clientes potenciales. Un 5 % o 10 %, quizá.

Y si consigues una base de datos por cada producto o servicio que tienes… Los clientes potenciales estarían más segmentados y validados.

Ahora intenta definir un borrador de tu estrategia de negocios usando los cinco pasos que hemos visto para crear la estrategia de contenido usando tu blog.

Cómo hacer títulos de artículos que abran puertas

Si estás acostumbrado a escribir artículos, sabrás que el título determina si finalmente el contenido será leído, y si aún no has escrito tu primer artículo, es necesario que lo sepas.

Cuando escribamos un artículo, lo que haremos es ofrecer un beneficio al lector a cambio de su tiempo. Como sabes, el tiempo online de las personas es cada vez más escaso, por lo tanto, si quieres que una persona decida leer tu contenido, tus títulos deben tener dos características imprescindibles:

1. El beneficio debe ser fácil de percibir.
2. El beneficio debe tener una relevancia comparada con la inversión del tiempo del lector.

En 2012 la noticia más leída en la prensa española llevaba el siguiente título «¿Por qué es tan letal el virus del ébola?». Si lo piensas un poco, verás que en este título es fácil detectar el beneficio (la posibilidad de entender algo cercano y desconocido). Adicionalmente el título muestra una relevancia muy alta puesto que el público en general en España estaba preocupado por el ébola y había poca información en ese momento.

Los títulos exitosos son más que un formato...

Antes de ver las formas de escribir títulos que interesen y abran puertas, es necesario que entiendas la diferencia entre un buen título y un título de impacto. Puedes conseguir escribir buenos títulos usando los formatos que veremos a continuación, pero si quieres escribir títulos de impacto debes tener en cuenta lo siguiente:

1. Conocer a tu audiencia. Cuanto más sepas de ellos y de sus problemas, más probabilidad tendrás de expresar beneficios que les sean rentables a través de un título.
2. Entender qué tipo de formato de título consigue resultados.
3. Aprender de los títulos que funcionan mejor en tu público.

Hay autores de artículos que se fijan en los títulos de algún blog de prestigio de un determinado sector e incluso copian el formato de dichos títulos, con la esperanza de obtener los mismos resultados. Luego ven con decepción que no consiguen el mismo impacto. La razón es muy sencilla, LOS PÚBLICOS SON DIFERENTES.

No me interpretes mal, si copias los títulos del blog de *The Economist* o de *Time* conseguirás escribir buenos títulos, pero no será necesariamente un título que marque la diferencia porque tu público tiene otros problemas y necesidades.

Con esta explicación, a continuación vamos a ver los formatos de título que te ayudarán a expresar beneficios y explicaré las razones de su funcionamiento.

Estructura de títulos que muestran beneficios

1. Explicar un procedimiento, cómo...

La explicación de un procedimiento es una propuesta que funciona muy bien y el motivo radica en que las personas no solo perciben un beneficio claro, sino que además perciben que ese beneficio lo alcanzarán rápidamente.

Veamos algunos ejemplos:

- Cómo escribir títulos de artículos.
- Cómo vender servicios.
- Cómo diseñar una web.
- Cómo vender a través de Internet.

Estos ejemplos están bien para empezar, pero será necesario aplicarle el ingrediente de relevancia:

Aplicando especialización a los mismos ejemplos:

- Cómo escribir títulos de artículos para blogs de moda.
- Cómo vender servicios de recursos humanos a pymes.
- Cómo diseñar una web para comercios locales.
- Cómo vender cursos a través de Internet.

Aplicando urgencia a los mismos ejemplos:

- Cómo escribir títulos de artículos en tres pasos.
- Cómo vender servicios hoy mismo.
- Cómo diseñar una web en dos horas.
- Cómo vender todos los días a través de Internet.

Aplicando aclaración de beneficios a los mismos ejemplos:

- Cómo escribir títulos de impacto para artículos.
- Cómo vender servicios de recursos humanos a sin reducir precios.
- Cómo diseñar una web para comercios locales que atraigan público.
- Cómo vender cursos a través de Internet incluso cuando duermes.

Aplicando doble beneficio a los mismos ejemplos:

- Cómo escribir títulos de artículos de moda eficientes y que creen audiencias.
- Cómo vender servicios de recursos humanos y conseguir recomendaciones.
- Cómo diseñar una web y posicionarla en Google.
- Cómo vender cursos a través de Internet y conseguir que repitan.

Aplicando causa/consecuencia a los mismos ejemplos:

- Cómo escribir títulos de artículos que consigan lectores.
- Cómo diseñar una web para educar a los clientes.

2. Títulos que proponen listas

Las listas de claves, trucos, motivos, caminos, etc., son percibidas como propuestas concretas y el lector advierte rápidamente el beneficio de la lectura.

Veamos algunos ejemplos:

- Siete pasos para definir una estrategia de contenidos.
- Tres claves para vender a través de Internet.
- Cinco motivos por los que tu base de datos ignora tus correos.

Los ejemplos no están mal, pero debemos darle relevancia y expresar el beneficio de forma más clara.

Aplicando prueba social a los mismos ejemplos:

- Siete pasos para definir una estrategia de contenidos usados por los blogs más exitosos.
- El 3 % de negocios online en España son rentables, tres claves determinan su éxito.
- Cinco motivos por los que tu base de datos ignora tus correos, estudiados en mil empresas.

Como ves, para aclarar el beneficio y la propuesta algunas veces es necesario cambiar la estructura de las frases en el título.

3. Prueba social sin listas

La prueba social es una herramienta de persuasión que se puede utilizar en un título de artículo con muy buenos resultados:

- Por qué el 90 % de las tiendas online en España no consiguen ser rentables.
- Tipo de alimentación utilizada por tres de cada cuatro personas que consiguen reducir su peso.

4. Secretos

Las personas queremos creer, da igual las veces que nos hayamos decepcionado, siempre preferimos creer y es por eso por lo que pasamos la vida atentos a posibles soluciones. Si estas soluciones son rápidas de probar, mejor. Algo así como ¡la fórmula mágica!

Los títulos que consiguen este efecto son parecidos a los siguientes:

- El secreto para cerrar ventas.
- Lo que nunca supiste sobre cómo impresionar a un cliente.
- El secreto de las empresas de éxito.

Este tipo de títulos solo funciona bien si le añadimos relevancia al título, y eso lo podemos conseguir haciéndolos más cercano al público. Por ejemplo, el título «Los secretos de las empresas de éxito» se puede ajustar a «Los secretos de las empresas de éxito en el sector del mueble».

5. ¿Por qué...?

El tipo de contenido que intenta dar una respuesta suele llevar de título la pregunta a dicha respuesta. Debes tener cuidado con este tipo de propuesta porque suele ser muy ambiciosa y poco creíble, lo que resta en relevancia.

Los siguientes ejemplos son poco creíbles:

- ¿Por qué no consigues las ventas que quieres?
- ¿Por qué los clientes repiten compras?

Podemos darle credibilidad a estos títulos así:

- ¿Por qué es complicado incrementar ventas cuando el mercado comienza a saturarse?
- ¿Por qué los clientes del sector del mueble son infieles?

6. ¿Dónde...?

Es el tipo de título para contenidos que dan consejos o recomendaciones de lugar. Suele ser usado por hoteles, restaurantes e incluso portales web de compraventa.

- Dónde encontrar los mejores precios en tecnología.
- Dónde encontrar los mejores lugares nocturnos en Madrid.

El SEO en los títulos

Debo admitir que no pensaba incluir un apartado sobre SEO en este libro, pero sé que hay mucha confusión sobre el estado actual del SEO y quiero aclarar la relevancia para los títulos de artículos.

Antes de nada, debo comentarte que el algoritmo de Google evoluciona constantemente y el objetivo del buscador de Google es dar mayor relevancia a los contenidos de valor para mucha gente. El motor de búsqueda que usa Google es una especie de robot y por eso le cuesta discernir entre contenidos de valor y contenidos con poco valor. Las redes sociales han facilitado la labor de Google porque ahora es posible saber qué contenido se comparte y se enlaza mejor, ya que lo hace la gente de forma espontánea.

La mayoría de personas que escribe artículos pensando en el SEO, en otras palabras, escribe para el buscador en vez de escribir para el público. Esto, aunque parece contraproducente, es precisamente lo que Google no quiere. Google quiere que publiquemos contenido relevante para las personas y no para su robot de búsqueda.

Lo que sí debemos saber es que los títulos de nuestros artículos son los que abren la puerta a nuestro contenido y por ello, debemos usar el mismo lenguaje que nuestro público cuando hace búsquedas en Google. La mayoría de las veces el lenguaje de las empresas no es el mismo que usa su público y esto evita que las puertas se abran. Aprender el lenguaje de nuestro público es muy sencillo, basta con utilizar las herramientas de Google que nos dan la información exacta de las palabras que usa nuestro público cuando busca contenido como el nuestro. Luego solo debemos tener en cuenta ese lenguaje al escribir nuestros títulos.

Usar el lenguaje de nuestro público no significa usar exactamente las frases o palabras clave que encontramos en la herramienta de Google, se trata de entender el lenguaje y adecuarlo a nuestros títulos.

Veamos un ejemplo:

Imaginemos que la herramienta de Google indica que la expresión clave más usada por los que buscan contenido sobre redes sociales es «cómo vender usando redes sociales». Si escribimos un contenido sobre procesos de ventas usando redes sociales, la lógica nos diría que lo más acertado es poner como título la frase que nos ha dado Google, ¿verdad?, «cómo vender usando redes sociales», con eso aseguramos las visitas.

¡La respuesta es NO!

Un título que abre puertas al contenido no es el más buscado, sino el más relevante y que indique claramente el beneficio.

El título que inicialmente podíamos haber pensado sería así: «Cinco pasos para implantar un proceso de ventas en medios sociales».

El título final luego de la recomendación de Google sería: «Cómo implantar paso a paso un proceso de ventas en redes sociales».

Como ves los dos cambios que hicimos toman en cuenta la recomendación de Google, y son: es mejor usar el título de tipo «cómo…» y el público prefiere usar la expresión «redes sociales» que «medios sociales».

Títulos que llaman a la acción (call to action)

Un call to action es una llamada a la acción y el mejor ejemplo son los botones que nos indican que hagamos algo, pero un call to action es mucho más que un botón, un call to action puede ser un texto, una imagen o un audio.

En los títulos podemos usar call to action en formato texto. Veamos algunos ejemplos:

- Cómo escribir artículos de blog que consigan clientes, recibe cuatro lecciones en tu email.
- Cómo convertir un contacto de LinkedIn en cliente, inscríbete al webinar.
- Cómo desarrollar tu marca en tres meses, descarga tres casos reales.

Podemos ir un paso más allá y además de incluir un call to action, podemos incluir algo para el cliente.

- Cómo escribir artículos de blog que consigan clientes, recibe cuatro lecciones en tu email con 50 % de descuento.
- Cómo convertir un contacto de LinkedIn en cliente, inscríbete al webinar gratuito.
- Cómo desarrollar tu marca en tres meses, descarga tres casos reales gratis hoy.

La relevancia + el call to action + algo para el cliente son los mismos criterios que usan los anuncios publicitarios más potentes. Esto es posible de lograr con un título y lo debemos hacer o no cumpliremos el objetivo de abrir el contenido.

Títulos que cambian en redes sociales

Puede que pienses que compartir muchas veces el mismo artículo en redes sociales puede mostrarte como repetitivo. Lo que no es posible es que escribamos contenidos de calidad y solo los podamos difundir una vez. El secreto está en cambiar el título que publicas en redes sociales cada vez que lo quieras publicar. No es necesario cambiar el título original en el blog, solo debes hacer nuevos títulos para compartir el mismo enlace en redes sociales.

Haz esto muchas veces y te ayudará a desarrollar tu habilidad para crear títulos cada vez más eficientes y para conocer mejor a tu público.

Ejercicio

Tomate unos minutos e intenta reformular los títulos de algunos artículos que hayas publicado, usa los consejos de esta lección y compártelo en redes sociales para probar su eficiencia.

Continúa probando y verás que cogerás la habilidad.

Cómo escribir artículos que provoquen acciones

Si tengo que resumir en una línea todo lo que necesita el contenido de tu artículo para enganchar a un lector, sería así…

El contenido de un artículo debe cumplir la promesa que hizo en su título

Digamos que este es el requisito para enganchar a un lector; si adicionalmente queremos provocar acciones, es necesario enganchar al lector.

Aunque profesionalmente solo llevo quince años escribiendo contenidos, he podido comprobar que lo más importante para enganchar a un lector no está en lo rebuscadas o técnicas que sean las palabras que usemos, tampoco está en una redacción profesional (se enfadarán mis amigos los periodistas). Lo más importante para enganchar a un lector está en lo útil e importante que le resulte tu contenido.

El público conecta rápidamente con el contenido útil y relevante. Con el tiempo el lector asocia al autor con dicha utilidad y relevancia.

Utilidad y relevancia deben ir siempre unidos.

Veamos un ejemplo…

Útil: «Cómo escribir contenidos.»

Útil y relevante: «Cómo escribir contenidos que creen audiencias.»

¿En qué porcentaje se debe cumplir la promesa que hicimos en el título?

Si el lector percibe que el contenido de tu artículo cumple el 60 % de la promesa que recibió con el título, percibiría 40 % de decepción.

La clave para cumplir la promesa que hacemos en nuestros títulos es que la promesa sea concreta, acotada y se dirija a un público específico.

Veamos un ejemplo…

El título «Descubre si el contenido de tu blog es relevante para su público» lleva una promesa que se puede traducir así: «Después de leer este contenido seré capaz de saber si el contenido de mi blog es relevante para mi público o debo ajustarlo».

Es evidente que cada persona se crea unas expectativas que pueden variar en cada caso y por eso vamos a recurrir a dos técnicas para conseguir que cualquier lector termine satisfecho. Una es aplicar un factor de relevancia y la otra es que no solo le digamos el diagnóstico, sino también cómo actuar.

Conectando con el lector...

La mejor forma de conectar con una persona a través de Internet es hacer que esa persona perciba lo útil que le resulta nuestro contenido.

La utilidad es algo subjetivo, de aquí la importancia de ceñirnos a la promesa hecha en el título, así el lector medirá la utilidad con respecto a lo que le prometimos.

Veamos los niveles de utilidad:

- **Poco útil:** le dices algo diferente a lo que le prometiste en el título.
- **Útil:** cumples la promesa del título pero con cosas que el lector ya sabía.
- **Muy útil:** cumples la promesa con algo que no sabía el lector.
- **Extremadamente útil:** cumples la promesa con algo que no sabe y que no es fácil de encontrar en Google.

Diagnóstico, soluciones y herramientas

En el contenido que generas puedes explicar problemas, dar soluciones o mostrar herramientas, pero no es necesario que todas estas opciones estén presentes a la vez. Esto dependerá del título (la promesa) del artículo, si se trata de una promesa del tipo «cómo...» deberías explicar un procedimiento, pero si se trata de un título del tipo «por qué...» tendrás que explicar un problema y te debes enfocar en el diagnóstico. Entonces, dependiendo del tipo de título podrás enfocar tu contenido.

Tamaño de un artículo de blog

El tamaño apropiado para un artículo va cambiando con el tiempo y actualmente es preferible un contenido más corto, más directo y con un solo mensaje. La razón es que está incrementando rápidamente el tiempo de consumo de contenidos a través de dispositivos móviles.

Los contenidos que queremos que el lector consuma rápido y periódicamente se están convirtiendo en microcontenidos. Solo basta ver el metro, los autobuses, las paradas de autobuses, las mesas de restaurantes, etc. El público hace microconsumos y un artículo muy extenso podría terminar en la lista de favoritos o ser ignorado.

No quiero sugerir que limites al máximo el tamaño de tu contenido, pero sí te recomiendo que todo lo que puedas decir en una palabra no lo hagas en dos y que seas lo más directo posible con el mensaje.

Se supone que tu título está acotado y al cumplir la promesa que has hecho en el título, no te extenderás más de lo necesario.

Contenido con listas

Los contenidos de tipo lista son muy fáciles de leer y el lector percibe que te has tomado la molestia de resumir el contenido y darle solo lo más importante en pocas líneas.

Este contenido suele adaptarse a títulos del tipo «# de razones», «# de motivos», «# de soluciones», etc. Pero las listas también se pueden usar dentro de otro tipo de contenido para resumir ideas. Te recomiendo usar listas siempre que puedas porque ahorrará tiempo al lector.

Formato de contenido

He probado diferentes formatos de contenido en los artículos de blog que he escrito durante estos años y no he encontrado una diferencia significativa en los resultados. Lo que sí he descubierto es que el público reacciona mejor cuando le ponemos las cosas más fáciles de entender y hacer.

Veamos algunos ejemplos:

Párrafos: usar párrafos que no sean muy extensos hace que el cliente perciba como más fácil de leer.

Títulos en párrafos: dividir el contenido usando títulos ayuda al lector que tiene poco tiempo a encontrar lo que le interesa más y obviar lo que le interesa menos. Si tu artículo es un poco extenso, divídelo con títulos.

Comentarios con comillas: utilízalas para resumir explicaciones complejas, ayudarás al lector a llevarse ideas principales, take away.

Enlaces: no debes abusar de los enlaces porque conseguirás que el lector termine en otro contenido, a menos que esa sea tu intención. Actualmente solo recomiendo poner enlaces tipo call to action, para llevar al lector por donde queremos de forma premeditada. Finalmente, somos los responsables del camino que debe seguir el lector en nuestro blog.

Cómo incluir factores de relevancia

Los artículos útiles están muy bien, pero los que son relevantes marcan la diferencia. Sé que la duda que tienen muchas empresas es sobre cómo hacer relevante un contenido que en sí no lo es tanto. La respuesta es muy sencilla: **debemos usar factores de relevancia.**

Los factores de relevancia hacen que un contenido se diferencie y se dirija a muchos dentro de nuestro público con mayor probabilidad de hacer negocio con nosotros.

Veamos algunos factores de relevancia:

Ahorro de tiempo

Mucha gente está comprando «tiempo» cuando compra algunos productos, y con el contenido pasa lo mismo. Un artículo que lleve de título «Cómo desarrollar el logo de tu empresa» es útil, pero muchas personas pueden pensar que el tiempo de aprender costará tiempo. Si aplicamos el factor de relevancia, podría ser así: «Cómo desarrollar el logo de tu empresa en dos horas».

Urgencia

La urgencia o miedo a perder una oportunidad es algo muy relevante para las personas, por ejemplo el contenido que diga «Cómo preparar una campaña de venta efectiva para Navidad en una semana» y estemos ya en noviembre puede crear mucha relevancia.

Prueba social

La prueba social es algo que siempre muestra relevancia, por ejemplo, si vamos a crear un contenido sobre «Cómo gestionar el estrés», podemos añadir la prueba social y comentar que el 40 % de los europeos ya padece algún nivel de estrés. Otro ejemplo es cuando creamos contenido sobre cómo vender online, el dato «Solo el 3 % de las tiendas online venden en España» es una prueba social relevante.

Incluye datos relevantes dentro de tus contenidos usando pruebas sociales.

Funcionalidad

¿Lo que explicas tiene aplicaciones prácticas o son solo reflexiones? Los seres humanos preferimos conocer soluciones mucho más que razones. La relevancia está en la solución y que esta se perciba como que funcionará.

Conveniencia

No es lo mismo explicar cómo cerrar ventas que explicarlo paso a paso. Lo seres humanos detectamos la relevancia de algo para nosotros en la medida de que esté a nuestro alcance y sea relativamente fácil de ejecutar. Por este motivo, decir que el contenido es para personas sin experiencia previa, que se explica paso a paso o que son solo cinco pasos hace que el lector perciba la conveniencia en el beneficio.

Cercanía

Creemos que algo es más relevante si parece más cercano. Veamos un ejemplo: montar una nueva empresa es más o menos parecido en casi toda España, pero digamos que estamos en Navarra y es el año 20XX. Si el artículo habla sobre «Cómo montar una empresa en Navarra» será aún más relevante para un navarro, y si añadimos el año, «Cómo montar una empresa en Navarra en 20XX», pensaremos que ese es el contenido que necesitamos y descartaremos todos los demás. Puede que no haya casi diferencias entre cómo montar una empresa en otras ciudades y en otros años.

Contenido que provoca acción (call to action)

Los call to action son la herramienta que necesitamos para provocar acciones, como hemos comentado antes, un call to action es una invitación y puede estar en formato texto, imagen, audio o video.

Veamos dos tipos de call to action que podemos usar dentro del contenido:

1. Hacia productos: enlaces e invitaciones directas hacia explicación de un servicio, producto u oferta.
2. Hacia más contenido: enlace hacia otros contenidos y ayuda específica o personalizada.

La mayoría de las veces recomiendo usar call to action de tipo 2, eso permite educar más al cliente potencial con respecto a nuestras soluciones y, lo que es más importante, se crea la confianza necesaria para hacer negocios luego.

Recomendaré los call to action de tipo 1 solo cuando tengamos un público más o menos maduro y que entienda perfectamente nuestra solución.

Si tu blog es de empresa o profesional, debe responder a un proceso comercial, entonces los artículos siempre deben llevar call to action, o no permitirán el flujo del proceso comercial y se perderá al cliente justo después de leer el artículo.

Es increíble cómo aún hay empresas que escriben blogs que no usan call to action para guiar al cliente potencial hasta que haga negocios con ellos.

El SEO en el contenido

Al igual que en los títulos, para la creación del contenido es importante conocer el lenguaje que usa nuestro público, pero no solo porque el robot de Google relacionará nuestro contenido con las búsquedas, sino porque además el público que lea nuestro contenido lo sentirá más cercano y lo entenderá mejor.

Haz una revisión periódica de las frases más usadas en Google y que estén relacionadas con tu contenido. Puedes usar las herramientas de Google Analytics y Adwords.

Resumen sobre la creación de contenidos

Recuerda que el contenido que engancha es aquel que es útil y relevante. Tampoco olvides añadir los siguientes ingredientes a tu contenido: un factor de relevancia a tus contenidos para conectar con el cliente, un call to action para conseguir acciones y lo que necesita saber o creer tu cliente para hacer negocios contigo.

En resumen, la fórmula de un buen contenido sería así:

CONTENIDO = U + FR + CTA + ED
U = útil.
FR = factor de relevancia.
CTA = llamado a la acción (call to action)
ED = factor de educación, lo que necesita saber o creer el lector para hacer negocios contigo o con tu empresa.

Ahora estás listo para conseguir lectores para tu contenido.

Cómo crear lectores para los artículos de tu blog

Ya hemos comentado que el objetivo principal de los contenidos de un blog es crear públicos y también hemos visto cómo puedes tener los contenidos a punto, pero ahora hace falta la habilidad para crear una base de datos de lectores que sea saludable.

Una base de datos saludable debe tener las siguientes características y debe cumplirlas todas:

1. Los miembros han dado su consentimiento voluntariamente.
2. Los miembros saben para qué han dado su consentimiento.
3. Los miembros han conectado con nuestro contenido y sabemos el porcentaje de respuesta que tendremos cuando les pidamos hacer algo.

Desde un punto de vista comercial, solo se puede valorar aquellos blogs que cuenten con una base de datos de lectores fieles. Solo este tipo de blogs pueden dirigir a sus lectores a través del proceso de conversión hasta convertirlos en clientes finales.

El momento de vender...
Para conseguir lectores debes activar tu gen vendedor. Te aseguro que lo tienes, todos lo tenemos, solo que algunos se empeñan en bloquearlo.

Solo debes crear las condiciones para convencer a un lector para que forme parte de tu base de datos y el argumento de venta debe ser convincente.

Ahora te diré lo que ya no funciona o al menos su eficiencia es muy baja:
No esperemos que alguien llegue a nuestro blog y se apunte a nuestra base de datos al ver la casilla «Suscríbete», da igual el texto convincente que pongamos y también

da igual lo que ofrezcamos, cursos, ebooks o pruebas gratuitas.

Por favor, no pidas suscripciones·de esta forma:

- Suscríbete y recibirás información valiosa o relevante. (No se lo cree nadie.)
- Suscríbete y recibirás un ebook gratis. (La mayoría no aportan valor y la gente ya lo sabe.)
- Suscríbete y tendrás un curso gratis. (Las personas desconfían de los cursos de desconocidos.)

Ahora te diré lo que funciona y con gran eficiencia:
Debes crear las condiciones para una suscripción y eso significa crear confianza y utilizar elementos de persuasión. Esto lo puedes hacer usando contenido. Escribe artículos que vendan un ebook, curso, prueba gratuita o un taller. En otras palabras, no escribas contenido interesante para tu público, crea contenido que venda la propuesta para que se suscriban y revelen su identidad.

Veamos un ejemplo:

Si ofrecemos un ebook sobre «Cómo rebatir objeciones en una venta» y lo ofrecemos a cambio de una suscripción al blog, el pensamiento de una persona con perfil de vendedor será «ya he leído mucho sobre ese tema, la mayoría son iguales, y a este autor ni lo conozco». Ahora, usando el mismo libro, «Cómo rebatir objeciones en una venta» vamos a escribir un artículo sobre cómo rebatir objeciones usadas por clientes informados. En el artículo explicamos por qué las objeciones han cambiado y prometemos explicar con detalle cada una de las objeciones dentro del ebook que hemos preparado. De esta segunda manera conseguimos la confianza mínima y la persuasión necesaria para que se apunten y descarguen el ebook.

La difusión

Podrás hacer la difusión del contenido para conseguir lectores a través de cualquier medio social, dependiendo del tema o actividad económica que desarrolles.

Puede que te estés preguntando qué red social funciona mejor: Facebook, LinkedIn, Twitter... La verdad, te diré que la red social donde difundes tu contenido no determina la lectura del mismo, lo que realmente determina el consumo de tus contenidos es la estrategia que emplees y los títulos que utilices.

Si la estrategia y los títulos son buenos, la difusión funcionará independientemente de que el contenido sea bueno, pero para conseguir lectores en tu base de datos sí necesitarás que el contenido también sea bueno.

Por favor, no me interpretes mal, sé que decir «bueno» para calificar un contenido es muy subjetivo, pero por «bueno» me refiero a que cumpla objetivos. Una estrategia buena hace que lleguemos al público que queremos, unos títulos buenos son aquellos que consiguen abrir la puerta a este público hacia nuestro contenido y finalmente, un contenido bueno es aquel que consigue lectores enganchados.

Supongo que piensas que si cuentas con fanes en Facebook, contactos en LinkedIn y seguidores en Twitter te será más fácil llegar a mucha gente, lo cierto es que esta afirmación ya no es tan verdadera. FB, LN y TW limitan la difusión de los contenidos para una mejor experiencia de sus usuarios. Pero eso no quiere decir que no debamos trabajar creando nuestras comunidades, existe otra alternativa para trabajar con ellos.

La alternativa para llegar a toda nuestra comunidad en redes sociales es la publicidad de pago. En este momento sé que piensas que me estoy contradiciendo, pues al parecer la publicidad es opuesta al uso de contenido pero no es así. La publicidad eficiente es la que promociona contenido relevante y no la que promociona productos.

Te daré seis razones por las que debes hacer publicidad de tus contenidos sobre tus propias comunidades en FB, TW y LN:

- Estas personas conocen tu negocio de alguna manera porque se apuntaron a seguirte o conectar. Entonces existe la confianza mínima.
- La probabilidad de que una persona en Facebook, Twitter o LinkedIn haga caso a tu publicidad es siete veces mayor cuando ya te ha conocido previamente.
- La publicidad en redes sociales también se puede hacer sobre los públicos que ya hemos creado.
- La publicidad en redes sociales tiene costes bajos y permite medir y probar constantemente.
- Las personas de tus comunidades son más propensas a compartir tu contenido patrocinado.
- Las personas en redes sociales interactúan mucho más con anuncios patrocinados sobre contenido de ayuda que sobre productos.

El engagement

El engagement se suele definir como una conexión entre el público y tu negocio, pero ese no es precisamente el objetivo que buscamos cuando hacemos marketing de contenidos; lo que queremos es que el público conecte con nuestro contenido, que repita y lea todos nuestros contenidos hasta que sepa lo necesario o crea lo necesario para hacer negocios con nosotros.

Existe un tipo de contenido para dar significado a una marca o conectar con un público trasmitiendo unos valores determinados y ese contenido se usa en estrategias de branded content. En este libro nos centramos en herramientas de marketing y por eso prefiero hablar de content marketing.

Si eres una empresa o negocio que quiere llegar y conectar con desconocidos, te recomiendo buscar que ellos conecten con tu contenido, y el secreto para conectar con un desconocido está en ser útil y no en ser importante.

Escribe contenido relevante y ofrece ayuda personalizada a los lectores. Esto incrementará significativamente su fidelidad y el ratio de apertura de la base de datos será mayor.

El análisis

Hay un dato más importante que el número de lecturas de nuestros artículos, y es el porcentaje de apertura de nuestra base de datos. El porcentaje mínimo aceptable de apertura para una base de datos es del 30 %. Digamos que si tienes 1.000 lectores, al menos 300 personas de esta base de datos deben leer tus artículos.

Debemos profundizar aún más en nuestro análisis, debido a que hay muchas personas que tienen la apertura por defecto en sus gestores de correos electrónico y siempre visualizan los correos antes de borrarlos. Es mi caso, yo borro los artículos que no quiero leer luego de abrirlos. Quizá los dueños de blogs cuentan a estas personas como lectores fieles, y eso es un error. Para evitar esto, debemos utilizar otra medida llamada tiempo medio de lectura y descartar a los que no estuvieron al menos el 20 % del tiempo necesario para leer el artículo.

No es necesario que te vuelvas un forofo del análisis para saber si tu base de datos es saludable, pero sí al menos te recomiendo que tengas en cuenta los siguientes indicadores:

- Incremento periódico de miembros de tu base de datos.
- Porcentaje medio apertura de tu base de datos.
- Tiempo de lectura medio de los artículos.
- Número de lecturas nuevas sobre lecturas totales. (Posibilidad de crecimiento.)
- Numero de lecturas recurrentes sobre lecturas totales. (Fidelización.)

GRACIAS...

Debo agradecer a todas las empresas con las que he trabajado durante los últimos diez años en los que me he dedicado
al marketing de contenidos, sin esas experiencias no hubie-
ra podido aportar valor a través de este libro.

¡De forma especial agradezco a Taryn, Piero y Matías, mi
familia!

Made in the USA
Monee, IL
07 July 2026

56644421R00073